Zebra 4

Lesen / Schreiben
Für die Ausleihe

Autorinnen und Autoren:
Susanna Eckhoff
Andreas Körnich
Maren Labs
Sonja Liebner-Möller

Beratung:
Dr. Christina Köpp
Saskia Ruff
Maren Schrader

Ernst Klett Verlag
Stuttgart · Leipzig · Dortmund

Inhalt

Geistesblitze und Lerngewitter

→ LE S. 6/7

Buchstaben früher

Der Begriff „Buchstabe“ kommt aus der Zeit, als Germanen Schriftzeichen in Stäbchen aus Buchenholz ritzten. Diese Schriftzeichen werden auch Runen genannt.

○ **1** Sieh dir die Runen der Wikinger genau an. Was fällt dir auf?

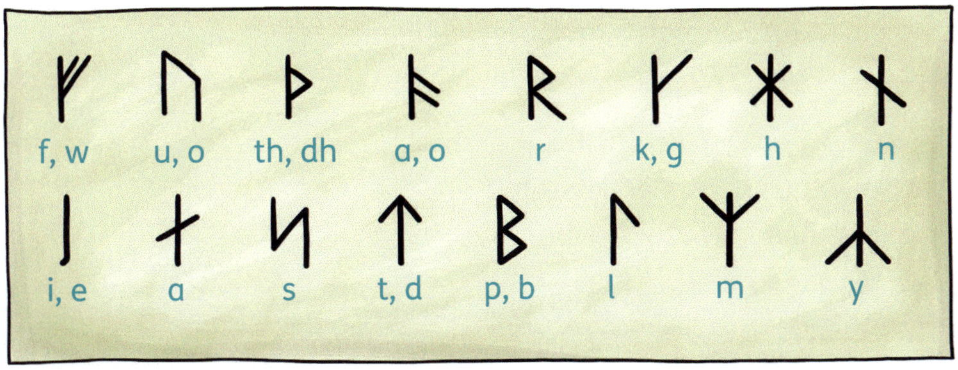

◒ **2** Kannst du die Packliste für deinen Schulranzen lesen? Schreibe die Lösungen auf.

R: S. 5 Nr. 2
A: ...
B: ...
C: ...

A 

B 

C 

◒ **3** Schreibe in Runenschrift.

R: S. 5 Nr. 3
A: ...

A Lineal B Kleber C Brotdose

● **4** Schreibe eine geheime Botschaft in Runenschrift.

R: S. 5 Nr. 4 z. B.
Morgen: 

→ LE S. 9
→ TH S. 53

Lernen organisieren

Das Lernen kann man lernen. So gehst du vor:

- Ordne deine Unterlagen.
  Was weißt du schon? Was hast du noch nicht verstanden?
- Beschaffe dir fehlende Informationen.
- Wähle eine Methode, mit der du lernen möchtest:
  Mindmap, Lernkarten, Stichwortzettel oder Lernplakat.
- Mache dir einen Zeitplan zum Üben.

○ **1** Ordne die Sätze aus dem Merkkasten den passenden Bildern zu. Schreibe.

R: S. 6 Nr. 1
A: Ordne deine ...

A

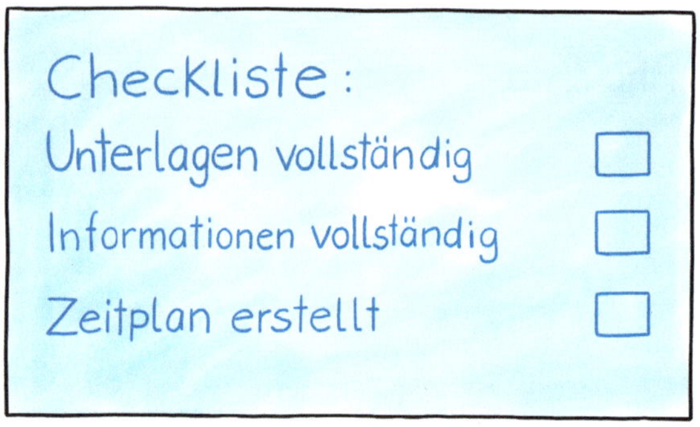

B

C

D

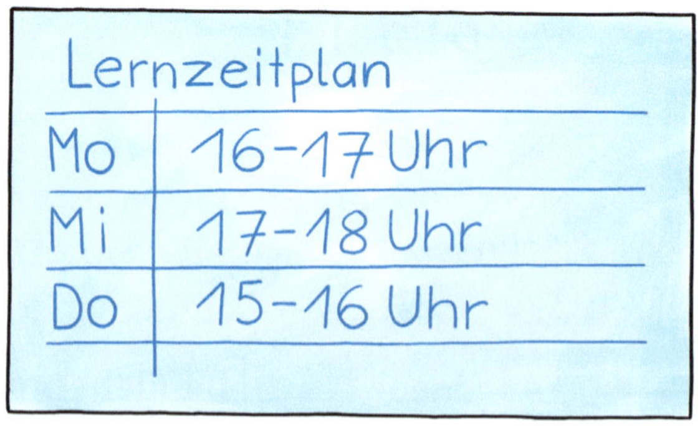

○ **2** Überlegt, wie, wann und wo ihr am besten lernen könnt. Tauscht euch aus.

→ LE S. 9

Lernkarten anlegen

Mit Lernkarten kann man neue Inhalte üben. Du kannst sie zu allen Themen in allen Fächern anlegen. So gehst du vor:

- Ordne das Thema in Unterthemen.
- Suche zu jedem Unterthema eine Überschrift. Notiere sie auf der Vorderseite der Karte.
- Auf die Rückseite schreibst du die passenden Stichwörter.
- Übe, indem du nur die Vorderseite mit der Überschrift anschaust und zu den Stichwörtern erzählst.

Tom hat sich zu „Schule in Frankreich" eine Lernkarte angelegt.

○ **1** Lies das Beispiel.

Schule in Frankreich

- L'école élémentaire (Grundschule), bis zur 5. Klasse
- Schule beginnt um 08.30 Uhr und endet um 15.30 Uhr/16.30 Uhr
- Noten von 0 bis 20 (20 ist die beste)
- Unterrichtsstunde 55 Minuten
- alle Schulen Ganztagsschulen

2 Lies den Text „Schule in Großbritannien" zweimal.
Finde beim zweiten Mal Schlüsselwörter zum Thema.

Schule in Großbritannien

Die Kinder in Großbritannien werden mit 4 bis 5 Jahren eingeschult.
Sie gehen zunächst auf die Primary School, das ist die Grundschule.
Die Schule beginnt um 9 Uhr und endet um 15 Uhr.
In Großbritannien ist die beste Note ein A.
Eine Unterrichtsstunde dauert 50 oder 55 Minuten.
Alle Kinder in Großbritannien tragen eine Schuluniform.

3 Schreibe die Schlüsselwörter auf die Rückseite deiner Lernkarte.

Schule in Großbritannien

– …

– …

→ LE S.11

Fragen zu einem Text beantworten

○ **1** Lies den Text.

Die Klasse 4d – verrückte Einfälle!

„Ein verrückter Haufen seid ihr!“ So bezeichnete der Klassenlehrer Herr Willie seine Klasse 4d. Einmal war Herr Willie zu spät zum Unterricht erschienen. Zur Strafe musste er im Krokodilskostüm Hofaufsicht führen.
Ein anderes Mal verkleidete sich die ganze Klasse als Clowns und fuhr so zu einem Ausflug. Die anderen Leute staunten nicht schlecht.

Für das Sportfest hatte sich die Klasse etwas ganz Besonderes überlegt. Die Schule veranstaltete ein „Lauffest“ für einen guten Zweck. Jedes Kind suchte sich Sponsoren, die für jede gelaufene Runde der Kinder einen Betrag spendeten. Sie fragten ihre Eltern, Großeltern, Nachbarn und Freunde. Die Lehrer hatten sich als Streckenposten oder Rundenzähler eingetragen. Aber die 4d hatte andere Pläne. Unter dem Motto „Herr Willie – ein Frosch muss hüpfen“ zogen sie los und suchten Sponsoren für ihren Klassenlehrer. Herr Willie musste dann im Froschkostüm seine Runden laufen. Das fanden viele so lustig, dass sie gerne etwas spendeten.
Die Verkäuferin aus der Bäckerei nebenan zahlte sogar 2 Euro für jede Runde!

Und so stellten sie ihn am Tag des Sportfestes vor vollendete Tatsachen. Die Sache mit dem Kostüm war beschlossen.
Er hatte keine Wahl.
Herr Willie schlüpfte in das Kostüm und hüpfte los. Was für ein Spaß!
Die anderen Runden durfte er laufen, damit ordentlich Geld zusammenkam.
Am Ende fiel er erschöpft auf den Rasen, aber er hatte 250 Euro erlaufen!
Seine Klasse war sehr stolz auf ihn!

○ **2** Wie nannte Herr Willie seine Klasse?

A beknackter Haufen

B nette Truppe

C verrückter Haufen

○ **3** Beantworte die Fragen.
Schreibe ganze Sätze.

R: S. 9 Nr. 3
A: Herr Willie musste …
B: …

A Was musste Herr Willie zur Strafe tun, als er zu spät zum Unterricht erschien?

B Wie waren die Kinder einmal bei einem Ausflug verkleidet?

● **4** „Ein Lauffest für einen guten Zweck“ – was bedeutet das? Tauscht euch aus.

◒ **5** Was sind „Sponsoren“? Tauscht euch aus.

○ **6** Beantworte die Fragen.
Schreibe ganze Sätze.

R: S. 9 Nr. 6
A: Herr Willie musste …
B: …

A Was hatte sich die Klasse beim Sportfest für Herrn Willie überlegt?

B Bei wem sammelten die Kinder Geld für das Sportfest?

C Wie viel Euro hatte Herr Willie am Ende erlaufen?

● **7** Was bedeutet die Redewendung „jemanden vor vollendete Tatsachen stellen“?
Schreibe eine Erklärung.

R: S. 9 Nr. 7 z. B.
„Jemanden vor vollendete Tatsachen stellen“ bedeutet …

→ LE S.18/19

Eine Gegenstandsbeschreibung planen

Eine Gegenstandsbeschreibung kann dir helfen, einen verlorenen Gegenstand wiederzufinden. Gehe so vor:

- Wähle eine genaue Bezeichnung für den Gegenstand.
- Lege eine Reihenfolge für die Beschreibung fest.
- Schreibe im Präsens (Gegenwart).
- Benenne die Einzelteile mit ihren Fachbegriffen.
- Beschreibe, wo sich die Teile befinden.
- Sammle treffende Wörter zu folgenden Eigenschaften: Form, Größe, Farbe, Material und Besonderheiten.
- Formuliere sachlich.

○ **1** Lies die Suchanzeige.

Sporttasche verloren

Ich vermisse seit Donnerstag meine Sporttasche. Sie ist rechteckig. Die Farbe ist hellblau. An jeder Seite hat sie eine Tasche mit hellblauen und dunkelblauen Streifen. Oben ist ein großer Reißverschluss. Daran hängt ein hellblauer Delfin. Der Tragegurt und die beiden Henkel sind grau. Das Polster am Gurt ist dunkelblau. Finder bitte im Schulbüro melden! Danke!
Swen

◒ **2** Decke den Text ab.
Beschreibe die Sporttasche mit eigenen Worten.

◒ **3** Suche treffende Wörter für die Tasche auf dem Bild und schreibe sie auf.

R: S. 10 Nr. 3
Form: ...
Größe: ...
Farbe: ...
Material: ...
Besonderheiten: ...

→ LE S. 18/19
→ TH S. 54

Eine Gegenstandsbeschreibung schreiben

Ella hat ihren Sportbeutel an der Bushaltestelle liegengelassen.
Leider war er nicht mehr da, als sie an die Haltestelle zurückkam.

1 Hilf Ella, die Suchanzeige zu schreiben.
Beachte die Hinweise aus dem Merkkasten.

R: S. 11 Nr. 1

Sportbeutel verloren

Am Donnerstag habe ich meinen Sportbeutel an der Bushaltestelle „MEISENWEG" vergessen. Er ist dreieckig und hat …

Verwende treffende Adjektive und Verben.

Schreibe so genau wie möglich: Mein Sportbeutel ist oval, klein und handlich und hat natürlich Streifen.

→ LE S. 18/19

Eine Gegenstandsbeschreibung überarbeiten

○ **1** Lies Johannas Suchanzeige.

Verloren!
Ich suche meine Armbanduhr.
Sie ist so schön!
Meine Oma hat sie mir zum Geburtstag geschenkt. An der Seite hat sie ein Einhorn. Das guckt ganz lieb. Blumen sind auch drauf.
Die Uhr ist von der Marke Tiki.
Sie ist rund, hat ein silbernes Gehäuse und silberne Zeiger. Wenn du sie findest, melde dich bitte bei Johanna in der 4b.
Danke!
Johanna

2 Überprüfe Johannas Beschreibung mit Hilfe der Checkliste.
Übertrage die Tabelle in dein Heft und kreuze an.

R: S. 12 Nr. 2

	🙂	😐	🙁
Wähle eine genaue Bezeichnung.	...	...	...
Beschreibe in der festgelegten Reihenfolge.	...	...	...
Schreibe im Präsens.	...	...	...
Nenne alle wichtigen Teile mit ihren Fachbegriffen.	...	...	...
Beschreibe genau, wo sich was befindet.	...	...	...
Verwende treffende Wörter zu Form, Größe, Farbe, Material und Besonderheiten.	...	...	...
Formuliere sachlich.	...	...	...

Diese Checkliste kannst du auch für eine Schreibkonferenz verwenden.

3 Überarbeitet eure Beschreibungen von S. 11 in einer Schreibkonferenz.

→ LE S. 20/21
→ TH S. 55

Genau lesen: Logical

Die Klasse 4a geht auf Klassenfahrt. Die Mädchen bekommen Zimmer mit Tiernamen.

1 Lies zuerst den ganzen Text.
Welche Namen haben die Zimmer?

R: S. 13 Nr. 1
A: Vögel
B: ...
C: ...

- Maya hat zu Hause ein Aquarium, deshalb möchte sie zu den Fischen.
- Rechts von den Fischen wohnen die Katzen, links die Vögel.
- Emily geht mit ihrer besten Freundin Maya in ein Zimmer.
- Swetlana und Sina haben sich für getrennte Räume entschieden.
- Julia möchte weder mit Sina noch mit Maya in ein Zimmer.
- Lisa und Esmanur flüstern gern. Sie teilen sich ein Doppelstockbett im Zimmer von Julia und Swetlana.
- Aness bewohnt gerne ein Zimmer mit ihrer Zwillingsschwester Sina.
- Sina möchte zu den Katzen.
- Swetlana mag keine Fische.
- Mia schläft im Bett über Annika.
- Alina möchte weder zu den Vögeln noch zu den Fischen.
- Annika geht in den Raum zwischen Alinas und Julias Schlafräumen.

2 Lies nun Satz für Satz.
Welche Mädchen teilen sich ein Zimmer?

R: S. 13 Nr. 2
A: Vögel – Swetlana ...
B: ...

3 In welchem Raum ist noch ein Bett frei?
Vergleicht eure Ergebnisse.

→ LE S. 23

Vermutungen zu einem Text anstellen

○ **1** Lies die Überschrift und sieh dir das Bild an.
Worum geht es in der Geschichte?
Vermute.

◒ **2** Decke die unteren Abschnitte zu.
Lies Abschnitt für Abschnitt und beantworte die Fragen.

R: S. 14 Nr. 2
A: ...

Linas Bauchschmerzen

Lina hat Bauchschmerzen. Ganz zuverlässig jeden Morgen um 6.30 Uhr. Von Montag bis Freitag, bevor sie in die Schule geht. „Mama, ich habe Bauchschmerzen!“, sagt Lina dann immer. Manchmal gehen die Bauchschmerzen in der Schule weg. Manchmal muss Mama sie abholen.

A Warum hat Lina Bauchschmerzen? Schreibe deine Vermutung auf.

Seit einigen Wochen verschwinden in der Schule regelmäßig Linas Sachen. Mal ist die Federtasche verschwunden, mal fehlt ihr Turnbeutel oder der Anhänger ihres Schulranzens. Die anderen lachen auch manchmal über sie. Zum Beispiel, wenn Lina im Sportunterricht auf dem Kasten hängen bleibt, anstatt darüber zu springen.

B Was könnte Lina tun?

Nur Karli lacht nicht. Er tröstet Lina, wenn sie traurig ist und verrät ihr, wo ihre Sachen versteckt sind. Lina hat letzte Woche auch ihrem Lehrer von den Bauchschmerzen erzählt. Und von den verschwundenen Dingen. Herr Schmidt hat sich das alles in Ruhe angehört und schließlich gesagt: „Lina, die Bauchschmerzen bekommen wir wieder weg. Alles andere bekommen wir auch in den Griff! Ich habe schon einen Plan!“

C Wie könnte der Lehrer helfen?

→ TH S. 56

Das kann ich schon

1 Schreibe eine Lernkarte zu „Schule in Finnland“.

Schule in Finnland

– …
– …

Schule in Finnland
In Finnland gehen die Kinder mit sieben Jahren das erste Mal in die Schule.
Es gibt Noten von 4 bis 10. 10 ist die beste Note.
Eine Unterrichtsstunde dauert 45 Minuten.
In der ersten und zweiten Klasse dürfen die Schultage nicht länger als 5 Stunden sein.
Mittagessen, Bücher und andere Lernmaterialien sind kostenlos.

2 Lies die Suchanzeige.

Flasche verloren!
Meine Flasche ist grün. Sie hat zwei Deckel.
Auf der Flasche ist ein Schwein abgebildet.
Wenn du sie findest, gib sie bitte im Schulbüro ab.
Sara

3 Übertrage die Tabelle in dein Heft und kreuze an.
Überarbeite Saras Beschreibung mit Hilfe der Checkliste.

R: S. 15 Nr. 3

	☺	😐	☹
Wähle eine genaue Bezeichnung.	…	…	…
Beschreibe in der festgelegten Reihenfolge.	…	…	…
Schreibe im Präsens.	…	…	…
Nenne alle wichtigen Teile mit ihren Fachbegriffen.	…	…	…
Beschreibe genau, wo sich was befindet.	…	…	…
Verwende treffende Wörter zu Form, Größe, Farbe, Material und Besonderheiten.	…	…	…
Formuliere sachlich.	…	…	…

Hand aufs Herz

→ LE S. 34/35

Genau lesen: Logical

○ **1** Lies zuerst den ganzen Text.

- Das Kind ganz rechts heißt Lola.
- Das dritte Kind hat im Sommer Geburtstag.
- Das Kind ganz links spielt gerne Basketball.
- Lola steht neben dem Kind, das im Schwimmverein ist.
- Till steht rechts neben Anna. Er ist ein wenig in sie verliebt.
- Das Kind, das Basketball spielt, hat im Frühling Geburtstag.
- Lola hat im Winter Geburtstag und ist in Till verliebt.
- Das Kind, das im Tanzverein ist, hat im Herbst Geburtstag.
- Ramon steht neben dem Kind, das im Fußballverein ist.
- Lola ist in denselben Jungen verliebt wie Anna.
- Ramon ist in das Kind, das ganz rechts steht, verliebt.

2 Lies nun Satz für Satz.
Übertrage die Tabelle in dein Heft und ergänze.

R: S. 16 Nr. 2

	1. Kind	2. Kind	3. Kind	4. Kind
Name	...	...	...	...
Geburtstag	...	...	...	...
Lieblingsort	...	...	...	...
... ist verliebt in ...	...	...	...	...

3 Beantworte die Fragen. Schreibe ganze Sätze.

A Wer spielt gerne Fußball?

B In wen ist Lola verliebt?

R: S. 16 Nr. 3
A: ...
B: ...

→ LE S. 36/37
→ TH S. 57

Gefühle beschreiben

1 Die Kinder der 4b erzählen vom Wochenende.
Was könnten die Kinder sagen?
Schreibe.

R: S. 17 Nr. 1 z. B.
A: „Ich ...
B: ...
C: ...

A

B

C

2 Übertrage die Tabelle in dein Heft.
Ordne die Adjektive den Gefühlen zu.

R: S. 17 Nr. 2 und 3

Glück	Trauer	Wut

Glück | Trauer | Wut

niedergeschlagen | wütend | verliebt

fröhlich | geknickt | verärgert

traurig | ungehalten | heiter

3 Wähle zu jedem Gefühl ein weiteres passendes Adjektiv aus.
Ergänze es in der Tabelle.

vergnügt | zahm | zierlich

bequem | verdächtig | zornig

begabt | betrübt | vergesslich

→ LE S. 39

Zu einem Gedicht malen

○ **1** Lest das Gedicht. Klärt unbekannte Wörter.

○ **2** Schreibe das Gedicht Strophe für Strophe ab.

Glück

Kirschen essen,
hundert Kerne spucken,
Liebesbriefe
mit Kartoffeln drucken.

Suppenkraut zu
Lorbeerkränzen winden*,
kunterbunte
Kieselsteine finden,

barfuß durch die
Regenpfützen laufen,
dreizehnmal am Tage
Eiskrem kaufen,

Pfeil und Herzen
auf den Gehsteig malen,
für ein Luftschloss
keine Miete zahlen,

um die Welt gehen
und zurück,
das ist Glück.

Ingrid Lissow

○ **3** Male passende Bilder neben die Strophen.

● **4** Lernt das Gedicht auswendig. Tragt es vor.

*Lorbeerkranz winden: einen Kranz aus Lorbeerzweigen flechten

→ LE S. 40/41

Den Höhepunkt einer Geschichte gestalten

Der Höhepunkt ist die spannendste Stelle in einer Geschichte.
So erzeugst du Spannung:

- Erzähle mit vielen Einzelheiten.
- Formuliere kurze Sätze.
- Schreibe, was die Personen denken, fühlen und sagen.
- Schreibe Ausrufe.
- Stelle Fragen.

○ **1** Lies den Textausschnitt.

Jonas schlief zum ersten Mal bei seinem Freund Milo.
Alles war anders als zu Hause.
Wenn Jonas sich bewegte, knarrte es.
Oder war da jemand im Zimmer?
Ängstlich drückte er seinen Teddy an sich.
„Milo, schläfst du schon?“, flüsterte Jonas.
Keine Antwort. Milo schlief schon.
„Oh je! Ob ich nach Milos Eltern rufe?“,
dachte Jonas. Oder sollte er das Licht anmachen?
Da öffnete sich leise die Tür. Milos Mama fragte:
„Na, kannst du nicht einschlafen?“ ...

◒ **2** Schreibe Ausrufe, Fragen und Sätze zu denken, fühlen, sagen heraus.

R: S. 19 Nr. 2
Ausrufe: ...
Fragen: ...
denken, fühlen, sagen: ...

● **3** Schreibe einen spannenden Höhepunkt.

Gestern war ich bei meiner Oma zu Besuch. Sie bat mich, etwas aus dem Keller zu holen. Das ist so ein alter, dunkler Keller, der mir Angst macht. Aber ich wollte mutig sein.
Langsam ging ich die Kellertreppe hinunter.
Als ich ...

→ LE S. 42/43
→ TH S. 58

Eine Reizwortgeschichte planen und schreiben

○ **1** Lies die Reizwörter.
Wähle die Wörter einer Gruppe aus.

Tränen – Spiel – gewinnen

Kuss – Theaterstück – stolz

Schwimmbad – Freund - sauer

Angst – Bruder – schlafen

In einer Reizwortgeschichte spielen diese Wörter eine wichtige Rolle.

◒ **2** Notiere Stichwörter zu deiner Geschichte.

Einleitung:
Wer?
– ...
Wann?
– ...
Wo?

Hauptteil:

Schluss:

Finde eine Einleitung, einen Hauptteil und einen passenden Schluss.

Einleitung: Wer? Wann? Wo?
Hauptteil: Was passiert genau?
Schluss: Wie endet die Geschichte?

◒ **3** Schreibe deine Geschichte auf.

R: S. 20 Nr. 3
Reizwörter: ...

→ LE S. 42/43

Eine Reizwortgeschichte überarbeiten

1 Lies Lenos Geschichte zu den Reizwörtern Kuss – Theaterstück – stolz. Schreibe die Sätze mit den Reizwörtern heraus.

R: S. 21 Nr. 1
Kuss: ...
Theaterstück: ...
stolz: ...

Der Schatz

Die Klasse 4a führt zum Schulfest ihr Theaterstück auf.

Alle Kinder spielen eine Rolle.

Luisa und Marius wollen unbedingt die Hauptrollen bekommen.

Dann üben sie nur den Text.

Dann kommen die ersten Proben.

Dann muss Marius auf Luisa zugehen.

Dann nimmt er ihre Hand und sagt:

„Endlich habe ich meinen Schatz gefunden!"

Dann muss Marius Luisa auf die Wange küssen.

Eigentlich ist Marius mutig. Aber einen Kuss vor allen?

Dann kommt die Aufführung.

Dann nimmt Marius all seinen Mut zusammen und – küsst Luisa.

Auf den Applaus und das Lächeln von Luisa ist Marius besonders stolz.

2 Was fällt euch bei den Satzanfängen auf?

Verwende verschiedene Satzanfänge.

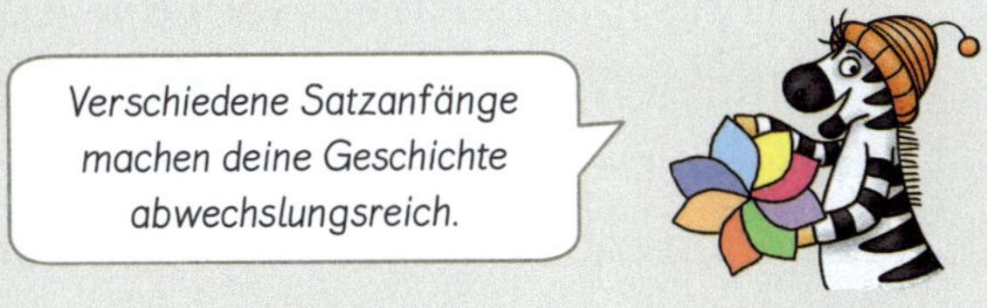

3 Überarbeitet eure Reizwortgeschichte von S. 20 in einer Schreibkonferenz.

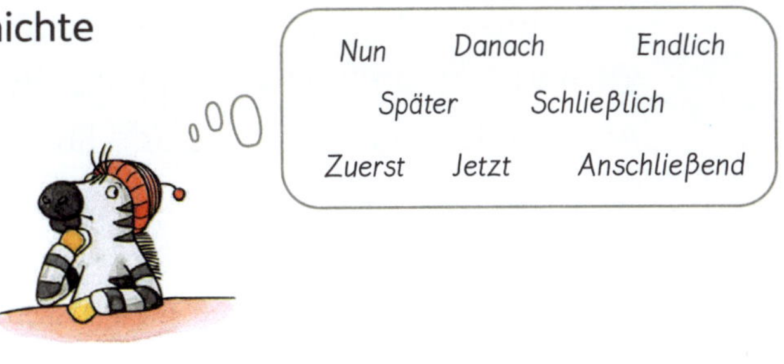

→ LE S. 44–47

Genau lesen: Unterschiede in einem Text finden

○ **1** Lies den Text.

Schlechte Laune

Johanna geht zu ihrer Freundin Julia. Aber Julia ist nicht allein. Ihre beiden Brüder Jan und Ole sind da. Sie wollen gern mit den beiden Mädchen zusammen spielen. Johanna meckert: „Dazu habe ich keine Lust. Dann gehe ich lieber nach Hause und lese mein Buch weiter.“ Julia, Ole und Jan sind traurig und verstehen das nicht. Johanna lässt sich nicht überreden dazubleiben. Zu Hause nimmt sie ihr Buch zur Hand. Aber sie hat schlechte Laune und kann nicht lesen. Sie fragt sich, warum sie manchmal so launisch ist. Eigentlich sind Julias Brüder doch nett. Morgen wird sie sich bei Julia entschuldigen.

◒ **2** Lies den unteren Text.
Findest du die 10 Unterschiede?
Schreibe die geänderten Wörter mit der Zeile auf.

R: S. 22 Nr. 2
Z1: ...

Schlechte Laune

Johanna fährt zu ihrer Freundin Julia. Aber Julia ist nicht allein. Ihre beiden Cousins Jan und Ole sind da. Sie wollen gern mit den beiden Mädchen gemeinsam spielen. Johanna mault: „Dazu habe ich keine Lust. Dann gehe ich jetzt nach Hause und lese mein Buch weiter.“ Julia, Ole und Jan sind wütend und verstehen das nicht. Johanna lässt sich nicht überreden dazubleiben. Zu Hause nimmt sie ihr Buch zur Hand. Aber sie hat miese Laune und kann nicht lesen. Sie fragt sich, warum sie immer so launisch ist. Eigentlich sind Julias Brüder sehr nett. Morgen will sie sich bei Julia entschuldigen.

→ LE S. 54

Eine Umfrage mit einem Diagramm auswerten

Eine Umfrage kannst du mit einem Diagramm auswerten.
So machst du sichtbar, wie oft welche Antworten gegeben wurden.

- Zähle nach, wie oft jede Antwort gegeben wurde.
- Male für jeden Strich bei der entsprechenden Antwort ein Kästchen aus.
- Was sagen dir deine Ergebnisse? Stelle sie vor.

○ **1** Die Kinder der Klasse 4c haben eine Umfrage durchgeführt.
Besprecht die Ergebnisse.

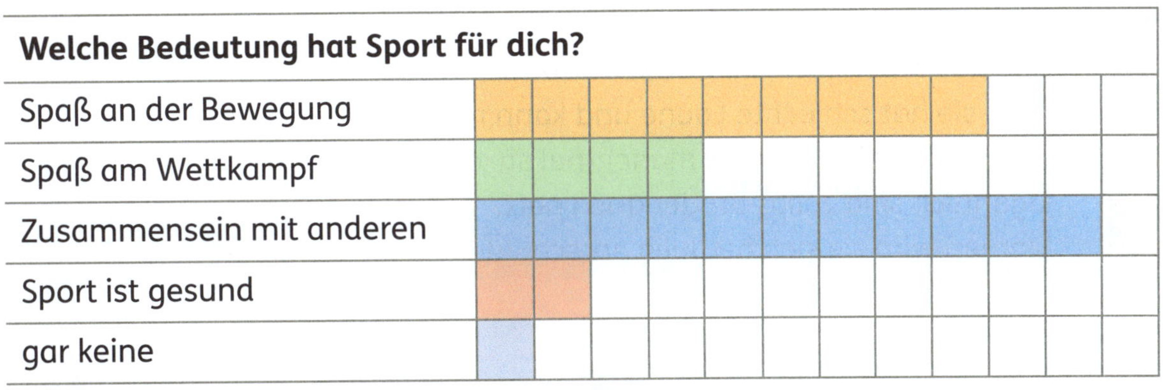

2 Wählt eine Frage aus. Übertragt die Tabelle in eure Hefte und gebt fünf mögliche Antworten vor. Führt die Umfrage durch.

A | Wo machst du außerhalb der Schule Sport?

B | Welche Sportart bevorzugst du?

C | Was machst du, um fit zu bleiben?

R: S. 23 Nr. 2 z. B.

Frage A: Wo machst du außerhalb der Schule Sport?

…												
…												
…												
…												
…												

Fragt 12 Personen.
Malt zu jeder Antwort ein Kästchen aus.

3 Stellt eure Ergebnisse vor.

→ LE S. 56/57
→ TH S. 59

Sich eine Meinung bilden und sie vertreten

Wenn du dir zu einem Thema eine Meinung bilden möchtest, gehe so vor:
- Informiere dich an verschiedenen Stellen zum Thema.
- Lege eine Tabelle mit Pro- und Kontrapunkten an.
- Finde aufgrund der Argumente heraus, welche Meinung du vertreten kannst.

A Handball

der Sport für Jungen und Mädchen

B Leichtathletik

Wettkämpfe bestreiten

C Tanzen

Musik und Bewegung – das macht Spaß

D Reiten

Liebst du Pferde? Dann komm zu uns!

1 Welche Sportart interessiert dich?

2 Was spricht für die Sportart, was könnte gegen sie sprechen? Informiere dich zu der gewählten Sportart und trage Argumente in die Tabelle ein.

R: S. 24 Nr. 2 z. B.

Tanzen

pro - dafür	kontra - dagegen

3 Welche Meinung könnt ihr vertreten? Stellt eure Meinungen vor. Begründet sie mit Argumenten.

→ LE S. 56/57

Eine Diskussion führen

Einige Kinder der Klasse 4a wünschen sich Sitzbänke auf dem Pausenhof. Die Klasse diskutiert über den Vorschlag.

○ **1** Lies die Aussagen der Kinder.

○ **2** Welche Meinungen werden ohne Begründung vorgetragen?

◒ **3** Legt eine Tabelle an und sammelt Pro- und Kontrapunkte.

● **4** Führt die Diskussion zum Thema durch.
Einigt euch auf eine Lösung.

→ TH S. 60

Das kann ich schon

○ **1** Lies den Textausschnitt.
Schreibe die Sätze, die den Höhepunkt spannend machen, heraus:
Ausrufe; Fragen; denken, fühlen, sagen.

R: S. 26 Nr. 1
Ausrufe: ...
Fragen: ...
denken, fühlen, sagen: ...

Nun waren sie in der Höhle.
Alle Kinder gingen hintereinander.
Der Gang war eng. Es war ziemlich dunkel.
Dabei roch es seltsam.
Gero ging ganz hinten. Da! Was war das?
Hoppla! Hatte ihn da etwas am Kopf gestreift?
Gero glaubte nicht an Gespenster.
Trotzdem zitterte er. Die anderen gingen einfach weiter.
Er hockte sich ängstlich hin. Da spürte er die Hand des Lehrers auf seiner Schulter. Er sagte: „Hab keine Angst. Das war nur eine Fledermaus.“ ...

○ **2** Lies den Text.

Liebe Oma,

am Montag durfte ich zum ersten Mal allein mit dem Bus zu meiner Freundin Hanna fahren. Das war gar nicht schwierig.
Zuerst ging ich auf der Königstraße bis zur Haltestelle.
Dann wartete ich auf den Bus Nummer 201. Dann stieg ich ein.
Dann kaufte ich beim Fahrer eine Fahrkarte.
Dann habe ich die Karte entwertet.
Dann fuhr ich drei Stationen.
Dort holte mich Hanna ab.
Bald kommt mich Hanna besuchen.

Liebe Grüße
deine Jule

○ **3** Was fällt dir bei den Satzanfängen auf?

◒ **4** Übertrage den Text in dein Heft.
Verbessere dabei die Satzanfänge.

R: S. 26 Nr. 4
Liebe Oma,
...

Einsam, zweisam, gemeinsam

→ LE S. 64/65

Genau lesen: Logical

1 Lies zuerst den ganzen Text. Wie heißen die Jungen?

R: S. 27 Nr. 1
A: ...
B: ...

Lino, Samir, Thore und Viktor sind gute Freunde.
Sie spielen alle Fußball und leihen sich sogar ihre Lieblingsbücher aus.

- Viktor trägt das blaue Trikot seines Fußballvereins.
- Rechts neben ihm steht der Junge, der Bücher über Vulkane liest.
- Der Junge im roten Trikot ganz links mag Märchen.
- Er steht neben Lino.
- Der Junge mit dem gelben Trikot heißt Thore.
- Der Junge neben Thore liest Bücher über Fußball.
- Linos Lieblingsbuch handelt von Tieren.
- Rechts von ihm steht Viktor.

2 Lies nun Satz für Satz. Ergänze die Lieblingsbücher.

3 Beantwortet die Frage:
Wie heißt der Junge, der Märchen liest?

R: S. 27 Nr. 2
A: Samir – ...
B: ...

→ LE S. 66–68

Eine Geschichte zu Bildern planen und schreiben

Wenn du eine Geschichte zu Bildern schreibst, gehe so vor:
- Sieh dir vor dem Schreiben zuerst alle Bilder genau an.
- Schreibe das Geschehen in der richtigen Reihenfolge auf.
- Erzähle auch, was zwischen den Bildern geschieht.
- Schreibe auf, was die Personen denken, fühlen und sagen.
- Schreibe die Geschichte so auf, dass sie der Leser auch versteht, wenn er die Bilder nicht kennt.
- Finde eine passende Überschrift.

○ **1** Sieh dir das Bild genau an.

2 Beantworte die Fragen mit Stichwörtern.

R: S. 28 Nr. 2
A: ...

A Wer ist zu sehen?

B Was könnte vermutlich vor dem ersten Bild geschehen sein?

C Wo spielt die Geschichte?

D Wann spielt die Geschichte?

3 Schreibe die Einleitung zu deiner Geschichte.

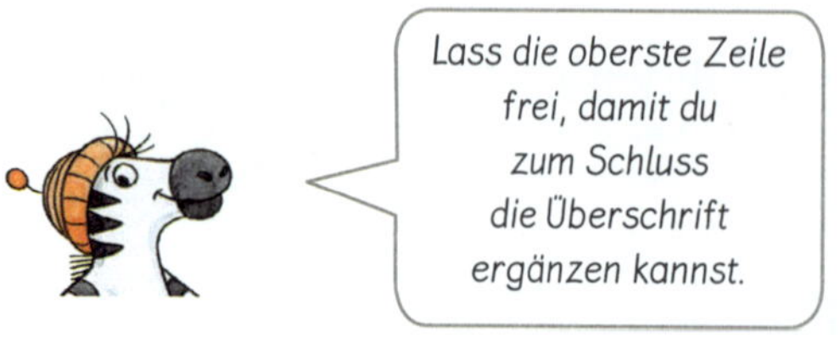

R: S. 28–29 Nr. 3, 5, 6 z. B.
Ü: ...
Simon, Luisa und Frieder haben sich verabredet. Sie wollen zusammen ...

4 Was denken, fühlen und sagen die Personen?
Was geschieht?
Schreibe Stichwörter dazu auf.

R: S. 29 Nr. 4 z. B.
A: Hihi! ...
B: ...
C: ...

A

B

C

Verwende die wörtliche Rede.

5 Schreibe den Hauptteil zu deiner Geschichte.

R: S. 28–29 Nr. 3, 5, 6 z. B.
Ü: ...
... Plötzlich ...

6 Schreibe einen passenden Schluss und eine Überschrift.

→ LE S. 66–68
→ TH S. 61

Eine Geschichte zu Bildern überarbeiten

○ **1** Lies den Textausschnitt aus Lilos Geschichte.
Was fällt dir auf?

... Simon und Luisa lesen, was in dem Brief steht.
Sie schauen sich fragend an.
Sie verstehen nicht, was da steht.
Nun entdeckt Simon ihren Freund Frieder.
Simon sagt es.
Frieder kommt lachend hinter dem Busch hervor.
Er ruft etwas.
Bello freut sich auch. Er rennt auf Frieder zu und bellt.
Frieder hat ihnen also die Flaschenpost geschickt.

◒ **2** Gestalte den Textausschnitt spannender.
Ergänze, was die Personen sprechen.

R: S. 30 Nr. 2 z. B.
... Sie schauen sich fragend an.
„Das verstehe ich nicht“, sagt ...

Ich habe keine Ahnung.

Hallo, ihr drei!

Schau mal, wer da ist!

Da staunt ihr, was?

● **3** Überprüft eure Texte in einer Schreibkonferenz.

→ LE S. 72/73
→ TH S. 62

Fragen zu einem Text beantworten

○ **1** Lies den Text.

Eine besondere Familie

Monas Eltern haben sich getrennt. Seitdem wohnt sie die Woche über mit ihrem Bruder Leon bei ihrer Mutter Elsa. An den Wochenenden sind sie bei ihrem Vater Sven. Da der Vater nun eine neue Frau, Karola, geheiratet hat, haben Leon und Mona eine Stiefmutter. Mit ihr verstehen sie sich gut. Besonders aber mögen sie die Zwillinge Arne und Tristan, die Kinder von Karola. Die Zwillinge sind also die Stiefbrüder von Leon und Mona.

Eine solche Familie, die sich aus ganz verschiedenen Familien zusammensetzt, nennt man Patchwork-Familie. Das Wort Patchwork ist Englisch und heißt: Flickwerk. Patchwork-Decken werden aus verschiedenen Stoffteilen zusammengenäht.

2 Lies die Fragen.
Finde die Antworten im Text und schreibe sie auf.

R: S. 31 Nr. 2
A: Mona und Leon ...
B: ...
C: ...

A Wann leben Mona und Leon bei ihrem Vater?

B Warum haben Mona und Leon eine Stiefmutter?

C Wie heißen Karolas Kinder?

3 Schreibe die Frage zur Antwort auf.

R: S. 31 Nr. 3
Frage: ...

Antwort: Man nennt sie Patchwork-Familie.

→ LE S. 74/75

Ein Buch präsentieren 1

Zu einer Buchpräsentation gehören immer folgende Informationen:
- Titel des Buches, Autor/Autorin, Illustrator/Illustratorin und Verlag,
- kurze Inhaltsangabe,
- Hauptperson oder mehrere Hauptpersonen des Buches,
- Vorlesen einer interessanten, spannenden oder witzigen Textstelle,
- die eigene Meinung zum Buch.

○ **1** Suche dir ein Buch aus, das du präsentieren möchtest.
Schreibe wie im Beispiel und ergänze.

R: S. 32 Nr. 1
Mein Buch heißt: ...
Ich habe es ausgewählt, weil ...
...
Autor/Autorin: ...
Illustrator/Illustratorin: ...
Verlag: ...

○ **2** Schreibe den Text ab und fülle die Lücken mit Hilfe des Merkkastens.

R: S. 32 Nr. 2
Tipps zur Buchpräsentation
Nenne zu Beginn den Titel ...

Tipps zur Buchpräsentation

Nenne zu Beginn den ___ des Buches und wer es geschrieben hat. Dann erzähle in einer kurzen ___, worum es in dem Buch geht. Stelle dabei auch die ___ vor. Das Ende des Buches solltest du nicht verraten.

Wähle eine ___ aus, die du vorlesen möchtest. Wähle dazu eine Stelle im Buch aus, die ___, ___ oder ___ ist. Übe das Vorlesen. Erzähle kurz, was vorher geschehen ist. Willst du das Buch weiterempfehlen? Zum Abschluss kannst du deine ___ zum Buch sagen.

→ LE S. 74/75

Ein Buch präsentieren 2

Die Klasse 4c hat ein Buchprojekt durchgeführt.
Jedes Kind hat ein Buch gelesen und will es nun präsentieren.
Dazu haben sie sich verschiedene Möglichkeiten überlegt.

1 Ordne die Bilder der Art der Präsentation zu.

Leserolle | Mindmap | Lesekiste | Plakat

R: S. 33 Nr. 1
A: Lesekiste
B: ...
C: ...
D: ...

A

B

C

D

2 Beschreibe die Arten der Präsentation:
- Was brauchst du dazu?
- Worauf musst du achten?
- Wofür eignet sich diese Art der Präsentation besonders?

Schreibe auf.

R: S. 33 Nr. 2
A: Lesekiste – ...

3 Welche Präsentation würdest du wählen?
Begründe.

→ LE S. 78–80

Eine Begründung schreiben

Viele Länder dieser Welt haben eine Abmachung zu den Rechten der Kinder beschlossen. Man nennt sie „Konvention über die Rechte des Kindes“.

○ **1** Lies die Textausschnitte aus dieser Konvention.

Gleichheit
Alle Kinder haben die gleichen Rechte, egal wer sie sind, wo sie leben, woher sie kommen, welche Hautfarbe sie haben, was ihre Eltern machen, welche Sprache sie sprechen, …
ob sie eine Behinderung haben, ob sie arm oder reich sind.

Gesundheit
Du hast das Recht auf die bestmögliche Gesundheit, medizinische Behandlung, … und das Recht zu lernen, wie man gesund lebt.

Erziehung
Du hast das Recht, von beiden Eltern erzogen und gefördert zu werden. …

Bildung
Du hast das Recht auf eine gute Schulbildung. …
Du sollst dabei unterstützt werden, den besten Schul- und Ausbildungsabschluss zu machen, den du schaffen kannst.

Meinungsfreiheit
Du hast das Recht, deine eigene Meinung mitzuteilen, und Erwachsene müssen das, was du sagst, ernst nehmen.

2 Wähle zwei Rechte aus, die dir besonders wichtig sind. Begründe deine Entscheidung.

R: S. 34 Nr. 2 z. B.
Recht: Bildung
Begründung: …
Recht: …
Begründung: …

3 Welche Rechte sind besonders wichtig? Sprecht darüber.

→ LE S. 82/83
→ TH S. 63

Informationen entnehmen

○ **1** Lies den Text.

Berufswünsche

Die Kinder der Klasse 4a haben über ihre Berufswünsche gesprochen.
Zuerst erzählt Lisa: „Ich möchte auf jeden Fall Ärztin werden wie meine Mutter. Ich helfe gerne anderen Menschen. Ich weiß, dass ich dafür studieren muss."
„Das wäre nichts für mich. Ich möchte gerne draußen arbeiten wie mein Vater. Der ist Lackierer. Baggerführer zu werden, würde mir gefallen. Dazu brauche ich eine Ausbildung von drei Jahren", ruft Tobi dazwischen.
Nun ist Sina an der Reihe: „Ich werde im Geschäft meiner Mutter arbeiten. Sie hat eine Schneiderei. Die Ausbildung zur Schneiderin dauert drei Jahre. Dann nähe ich mir wunderschöne Kleider. Das wird toll!"
„Wie langweilig!", meint Samed, „ich werde Sänger. Auf keinen Fall will ich den ganzen Tag als Verkäufer im Geschäft stehen wie mein Onkel. Ich werde berühmt. Da reicht es, wenn ich ein Jahr Gesangsunterricht nehme."

◒ **2** Lies den Text noch einmal. Übertrage die Tabelle in dein Heft und ergänze die passenden Informationen.

R: S. 35 Nr. 2

Name	Berufswunsch	Begründung
Lisa	...	...
...	...	...
...	...	...
...	...	...
ich	...	...

○ **3** Vergleicht mit einem Partner.

● **4** Ergänze die letzte Zeile mit deinem Berufswunsch. Begründe.

◒ **5** Was wollten eure Eltern werden, als sie so alt waren wie ihr? Fragt nach. Tauscht euch aus.

→ LE S. 86/87

Ein Interview planen und durchführen

So kannst du ein Interview planen und durchführen:
- Sammle Informationen zu der Person oder dem Thema.
- Formuliere deine Fragen und schreibe sie auf.
- Überlege, wie du die Antworten festhalten kannst, z. B. aufschreiben, aufnehmen, filmen.
- Präsentiere deine Ergebnisse.

Die Kinder der Klasse 4a möchten mehr zu einzelnen Berufen erfahren.

○ **1** Sprecht darüber, wie sie vorgehen.

◒ **2** Sammelt Fragen für ein Interview und wählt die besten aus.

○ **3** Übertragt die Tabelle in eure Hefte und ergänzt eure Fragen für das Interview.

R: S. 36 Nr. 3

Frage	Antwort
1. ...	1. ...
2. ...	2. ...
3. ...	3. ...
4. ...	4. ...

○ **4** Überlegt, wen ihr befragen wollt.

◒ **5** Führt Interviews zum Thema „Berufe“ durch.

◒ **6** Stellt eure Ergebnisse vor.

→ TH S. 64

Das kann ich schon

○ **1** Lies den Text.

Ein neues Mitglied der Familie

Ludwig ist das einzige Kind in der Familie Körber. Wenn er schlechte Laune hat oder etwas anderes spielen möchte als seine Freunde, rufen sie oft: „Typisch Einzelkind! Du musst dich ja nie um andere sorgen." Als Ludwigs Vater heute nach Hause kommt, sagt er: „Komm, wir fahren ins Tierheim. Mama und ich sind der Meinung, dass du nun alt genug bist. Du darfst dir einen Hund aussuchen." Ludwig traut seinen Ohren nicht. Endlich geht sein größter Wunsch in Erfüllung. Nun wird er seinen Freunden antworten: „Ich habe einen Hund und für den muss ich ganz allein sorgen."

◒ **2** Lies die Fragen. Finde die Antworten im Text und schreibe sie auf.

R: S. 37 Nr. 2
A: ...

A Wie lautet Ludwigs Familienname?

B Wie sagen seine Freunde oft zu ihm?

C Wieso haben Ludwigs Eltern beschlossen, dass er einen Hund haben darf?

● **3** Lies die Textausschnitte aus der „Konvention über die Rechte des Kindes". Wähle ein Recht aus. Begründe, warum es wichtig ist.

R: S. 37 Nr. 3
Recht: ...
Begründung: ...

Freizeit
Du hast das Recht auf Freizeit, zu spielen, dich zu erholen ...

Erziehung
Wenn Erwachsene Entscheidungen über dich treffen, sollen sie zuerst daran denken, was das Beste für dich ist.

Wundervoll natürlich

→ LE S. 94/95

Ein Haiku schreiben

Haiku-Gedichte stammen aus Japan.
Sie erzählen mit 17 Silben von den Menschen und der Natur.
So schreibst du ein Haiku-Gedicht:
- Schreibe in die 1. Zeile fünf Silben.
- Schreibe in die 2. Zeile sieben Silben.
- Schreibe in die 3. Zeile fünf Silben.

○ **1** Lest die Gedichte. Welches Gedicht ist ein Haiku?
Überprüft und entscheidet.

A
Der Wald ist so schön.
Bäume wachsen überall.
Mir geht es hier gut.

B
Die Bäume sind groß.
Sie wachsen gerade empor.
Da kann ich nur staunen.

○ **2** Sammle Wörter zum Thema „Waldtiere“ in deinem Heft und zeichne Silbenbögen darunter.

R: S. 38 Nr. 2 z. B.
Hase, ...

◒ **3** Schreibe ein Haiku in dein Heft.

R: S. 38 Nr. 3
... 5 Silben
... 7 Silben
... 5 Silben

◒ **4** Überprüft, ob eure Gedichte Haikus sind.

→ LE S. 98–106
→ TH S. 65

Informationen im Internet suchen

So suchst du im Internet Informationen zu einem Thema:
- Überlege dir Suchwörter zu deinem Thema.
- Wähle eine Kindersuchmaschine aus (z. B. www.blinde-kuh.de, www.fragfinn.de).
- Gib die ausgewählten Suchwörter in das Suchfeld der Suchmaschine ein und klicke auf Suchen, 🔍 oder Enter ↵.
- Sortiere deine Suchergebnisse.
- Welche Ergebnisse sind hilfreich, welche nicht?

1 Lies die Fragen und schreibe die Suchwörter heraus.

R: S. 39 Nr. 1
A: Waldsterben
B: ...
C: ...

A Warum gibt es bei uns ein Waldsterben?

B Wie schadet der Borkenkäfer dem Wald?

C Warum werden Borkenkäfer auch als Buchdrucker bezeichnet? Forsche nach.

2 Gib die Suchwörter zu jeder Frage in eine Suchmaschine ein. Schreibe die gefundenen Informationen in Stichwörtern auf.

R: S. 39 Nr. 2
Waldsterben: ...

3 Vergleicht eure Ergebnisse.

4 Welche Probleme hattet ihr bei der Suche im Internet? Was lief gut? Tauscht euch aus.

→ LE S. 98–106

Informationen in Sachbüchern suchen

1 Wie recherchiert Lukas? Tauscht euch aus.

2 Besorgt euch Sachbücher zum Thema „Wald“.

3 Sucht in Sachbüchern Antworten auf die folgenden Fragen. Schreibt sie auf.

> R: S. 40 Nr. 3
> A: ...
> ...
> Stichwörter: ... Seitenzahl: ...

A Was ist das Besondere an dem Baum Lärche?

B Welche Pilze sind essbar?

C Welche Waldpflanzen stehen auf der **Roten Liste**?

4 Vergleicht eure Ergebnisse.

5 Wählt eine der Fragen aus und sucht nun im Internet Antworten auf sie.

> R: S. 40 Nr. 5 z. B.
> C: ...
> Suchwörter: ...

6 War die Suche im Sachbuch oder im Internet hilfreicher? Vergleicht und tauscht euch aus.

→ LE S. 100/101 **Piktogramme erklären**

○ **1** Schau das Bild genau an.

◒ **2** Was bedeuten die Piktogramme im Bild?
Schreibe auf.

R: S. 41 Nr. 2
1: ...
2: ...
3: ...
4: ...
5: ...
6: ...

○ **3** Vergleicht eure Erklärungen.

◒ **4** Denke dir ein weiteres Piktogramm für das Naturschutzgebiet aus.
Male es.

○ **5** Zeige dein Piktogramm einem Partner.
Versteht er, was es bedeutet?

○ **6** Verbessere dein Piktogramm.
Formuliere die Anweisung zum Piktogramm.

R: S. 41 Nr. 6 z. B.
 -> Müll wegwerfen verboten!

→ LE S. 98/99
→ TH S. 66

Einen Sachtext planen und schreiben

Wenn du einen Sachtext schreiben willst, gehe so vor:
- Wähle ein Thema und lege passende Unterthemen fest.
- Sammle Informationen dazu und ordne sie.
- Schreibe zu jedem Unterthema einen Abschnitt.
- Verwende Fachbegriffe und schreibe verständlich und genau.
- Schreibe ohne eigene Meinung.
- Schreibe im Präsens (Gegenwart).

Aaron möchte einen Sachtext über den Rothirsch schreiben.
Dazu hat er viele Informationen gesammelt.

○ **1** Lies Aarons Stichwörter.

2 Schreibe alle Informationen zum Aussehen des Rothirsches heraus.

R: S. 42 Nr. 2, 3 z. B.
Aussehen: rotbraunes Fell, ...
Nahrung: mögen ...

3 Finde drei weitere Unterthemen.
Ergänze die passenden Informationen.

4 Recherchiere und ergänze weitere Informationen.

5 Schreibe einen Sachtext zum Rothirsch.

R: S. 42 Nr. 5
Ü: ...
Der Rothirsch ...

→ LE S. 98/99

Einen Sachtext überarbeiten

○ **1** Lest den Anfang von Maximilians Sachtext zum „Wolf“.

Wölfe

Wölfe sind bis zu 1,40 Meter. Sie sind bis zu 90 hoch.

Sie wiegen ungefähr 50.

Wölfe haben ein graues mit rötlichen, gelblichen oder bräunlichen Färbungen. Das Fell der besteht aus langen und festen Deckhaaren und einem kurzen Unterfell. Die langen können Wölfe zu einer Mähne aufrichten. Um die Schnauze herum ist das Fell der hell. Wölfe scharfe Reißzähne und ein kräftiges Gebiss. Ihre Ohren sind aufgestellt und ziemlich kurz. Wölfe sehen dem Schäferhund sehr. Der Schwanz der Wölfe ziemlich buschig.

◒ **2** Lest den Anfang des Sachtextes noch einmal. Was fällt euch auf? Schreibt auf.

> R: S. 43 Nr. 2
> Im Text ...

◒ **3** Übertragt den Sachtext in eure Hefte. Verbessert dabei die Sätze wie im Beispiel.

> R: S. 43 Nr. 3
> **Wölfe**
> Wölfe sind bis zu 1,40 Meter **lang**. ...

Schreibe sinnvolle Sätze.

Sind deine Sätze verständlich? Hast du kein Wort vergessen?

◒ **4** Überprüft eure Sachtexte von S. 42 in einer Schreibkonferenz.

→ LE S. 99

Einen Sachtext am Computer schreiben

Mirjam hat einen Sachtext am Computer geschrieben.

1 Warum ist das Wort unterstrichen?
Findet es heraus und erklärt es.

> Der fuchs Der fuchs hat einen buschigen Schwanz. Sein Fell ist rotbraun.

2 Der Sachtext hat sich verändert.
Welche Funktion am Computer wurde benutzt?
Schreibe alle richtigen Buchstaben auf.
Benenne jeweils die Funktion.

R: S. 44 Nr. 2
B: Großschreibung
...: ...

> Der Fuchs
> Der Fuchs hat einen buschigen Schwanz.
> Sein Fell ist rotbraun.

> Der Fuchs
> Der Fuchs hat einen buschigen
> Schwanz.
> Sein Fell ist rotbraun.

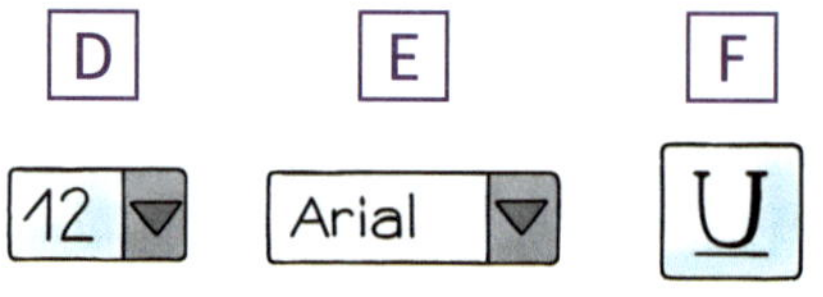

> **Der Fuchs**
> Der Fuchs hat einen buschigen
> Schwanz.
> Sein Fell ist rotbraun.

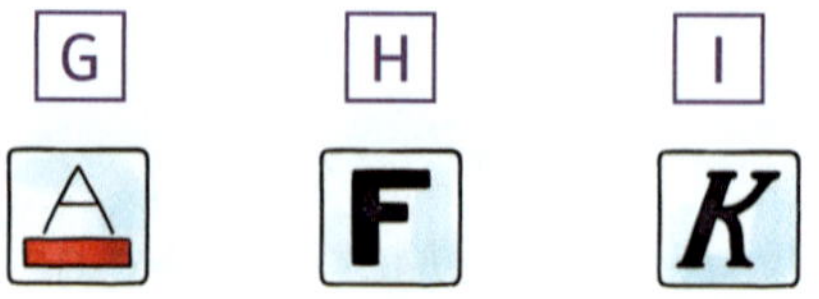

3 Schreibe deinen Sachtext zum Hirsch von S. 42 am Computer und gestalte ihn.

→ LE S. 110/111

Eine Fabel erkennen

Fabeln sind kurze und witzige Erzählungen.
Sie haben bestimmte Merkmale:

- In Fabeln begegnen sich mehrere Tiere.
- Die Tiere sprechen und handeln wie Menschen.
- Eine Fabel hat immer eine Lehre. Sie steht am Ende der Fabel. Aus ihr sollst du lernen, wie du dich richtig verhältst.

○ **1** Lies die Fabel.

Ein Fuchs und zwei Dummköpfe

Auf der Jagd trafen sich der Löwe und der Bär. Gemeinsam konnten sie einen jungen Hirsch fangen und töten.
Als sie die Beute teilten, begann der Streit.
Der Bär knurrte: „Ich fresse zuerst vom Hirsch!“
Jeder wollte das beste Stück vom Hirsch haben.
Zuerst stritten sie mit Worten, dann begann ein Kampf.
In diesem Moment kam der Fuchs vorbei.
Er sah den beiden eine Zeit lang zu. Der Fuchs feuerte sie sogar an.
Der Kampf war ausgeglichen. Dann gaben die beiden Kämpfer auf.
Sie waren sehr erschöpft und müde.
Der Fuchs sprach: „Ich habe Löwe und Bär besiegt!“
Dann packte er die Beute und verschwand damit im Wald.
Der Löwe und der Bär waren viel zu erschöpft, den Fuchs zu verfolgen.
Sie schauten sich beide an. Sie hatten nicht nur ihre Kraft verloren, sondern auch ihre Speise. Der Löwe sprach: „Wenn zwei sich streiten, freut sich der Dritte.“

nach Aesop

◒ **2** Welche Merkmale einer Fabel findest du im Text? Schreibe sie auf.

R: S. 45 Nr. 2
Tiere: Löwe, ...

● **3** Was lernst du aus der Fabel? Schreibe auf.

R: S. 45 Nr. 3 z. B.
Wenn der Löwe und der Bär ...

→ LE S. 112/113
→ TH S. 67

Zwischenüberschriften formulieren

○ **1** Lies den Text. Notiere unbekannte Wörter.

Wie die Menschen das Feuer zu nutzen lernten

A Die Menschen waren nicht die Erfinder des Feuers.
Sie entdeckten das Feuer in der Natur, wenn ein Blitz einschlug.
Lange hatten die Menschen aber Angst vor den heißen Flammen.

B Dann lernten die Menschen, das Feuer zu fangen.
Sie warteten, bis ein Blitz einschlug und ein Feuer verursachte.
Dann sammelten sie glühende Holzstücke. Damit konnten sie
ein Lagerfeuer entzünden. Dieses Feuer durfte aber nie ausgehen.

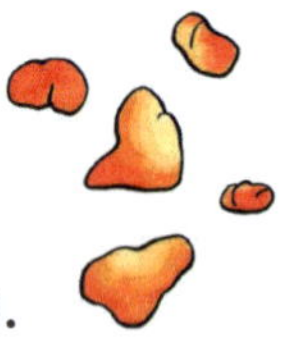

C Die Menschen lernten, das Feuer zu nutzen.
Zunächst schlugen sie zwei besondere Steine aneinander.
Diese werden Feuersteine genannt. Dabei entstehen Funken.
Damit kann Zunder in Brand gesetzt werden.
Später rieben sie zwei trockene Holzstücke aneinander,
bis trockenes Gras Feuer fing.

D Bis vor 200 Jahren machten die Menschen noch Feuer
mit Feuersteinen und Feuereisen.
Erst 1826 wurde das Streichholz erfunden,
kurze Zeit später das Feuerzeug.

E Das Feuer lieferte den Menschen nicht nur Wärme und Licht.
Es schützte sie vor wilden Tieren, die Angst vor Feuer hatten.
Die Menschen konnten nun Fleisch braten und es damit haltbar machen.

Zwischenüberschriften helfen dir, einen Text vorzutragen.

◒ **2** Kläre die unbekannten Wörter.

◒ **3** Schreibe zu jedem Absatz eine Überschrift auf.

R: S. 46 Nr. 3
A: ...

◒ **4** Erklärt mit Hilfe der Zwischenüberschriften, wie der Mensch das Feuer zu nutzen lernte.

→ LE S. 114–117

Informationen entnehmen

○ **1** Betrachte die Tabelle.

	Ätna	**Vesuv**	**Tambora**
Lage	Insel Sizilien (Italien)	bei der Stadt Neapel (Italien)	Insel Java (Indonesien / Asien)
Höhe	3.323 Meter	1.281 Meter	2.850 Meter
Häufigkeit der Ausbrüche	mehrmals pro Jahr	alle 10–200 Jahre	alle 50–100 Jahre
schlimmster Ausbruch	1664 Zerstörung der Stadt Catania	79 n. Chr. Zerstörung der Stadt Pompeji	1815; über 50.000 Menschen starben

◒ **2** Schreibe den Text ab und fülle die Lücken mit Hilfe der Tabelle.

R: S. 47 Nr. 2
Auf der Insel Sizilien liegt der Ätna. …

Auf der Insel Sizilien liegt der ….

Mit … ist er der größte Vulkan Europas.

Der schlimmste Vulkanausbruch war im Jahr ….

Die Stadt … wurde dabei zerstört.

In der Nähe der Stadt Neapel liegt der ….

Er ist … hoch.

Der Vesuv bricht alle … aus.

Der schlimmste Vulkanausbruch war im Jahr ….

Hier wurde die Stadt … komplett zerstört.

Auf der Insel Java liegt der ….

Seine Höhe beträgt …. Der Tambora bricht alle … aus.

Der schlimmste Vulkanausbruch war ….

Der Ausbruch war schlimmer als der des Vesuvs, da … starben.

→ TH S. 68

Das kann ich schon

1 Lies die Fabel. Finde die Merkmale einer Fabel.
Schreibe sie auf.

R: S. 48 Nr. 1
Tiere: ...

Rabe und Fuchs

Eines Tages hatte ein Rabe einen Käse gestohlen.

Er setzte sich mit dem Käse im Schnabel auf einen Baum.

Dort wollte er ihn verzehren.

Da kam der Fuchs vorbei. Beim Anblick des Käses lief ihm das Wasser im Mund zusammen. Der Rabe merkte dies nicht.

Der Fuchs sprach: „Herr Rabe, dein Gefieder ist prächtig.“

Der Rabe schwieg. „Alle Tiere haben Angst vor deinen Krallen.“

Der Rabe schwieg. „Schade, dass du anscheinend stumm bist!“

Diesen Vorwurf ließ der Rabe nicht auf sich sitzen.

Er dachte nicht lange nach und öffnete seinen Schnabel.

Der Rabe begann laut zu krächzen. Dabei fiel ihm der Käse hinunter.

„Was für eine wunderschöne Stimme“, spottete der Fuchs.

Er schnappte sich den Käse und aß ihn auf.

Der Rabe dachte: „Ich falle nie wieder auf falsches Lob herein!“

---

2 Übertrage den Sachtext in dein Heft.
Verbessere dabei die Sätze.

R: S. 48 Nr. 2
Der Buntspecht
Der Buntspecht ist ...

Der Buntspecht

Der Buntspecht ist 23 Zentimeter. Er hat eine Flügelspannweite von 44.

Der Buntspecht ist 90 Gramm. Er schwarze Federn und weiße Federn.

Dazwischen sind noch rote. Der Buntspecht nagelt für sein Hämmern bekannt.

Mit seinem spitzen hackt er sich ein Loch in den Himmel.

Mit seiner langen Zunge er nach Insekten unter der Rinde.

Märchen-Zauber-Zeitmaschinen

→ LE S. 124–127

Mit Sprache spielen

○ **1** Schreibe die fünf falschen Wörter aus dem Text auf.

R: S. 49 Nr. 1
Z1: ...

Die Erfindung des Kalenders

Die Menschen Tiere müssen sich ihre Zeit gut einteilen. Damit dies gelingt, haben sie schon vor langer Zeit gestern den ersten Kalender erfunden gefunden. Er teilt unsere Zeit in gleichmäßige Abschnitte ein. Die Jahre sind immer gleich. Ein Jahr hat 365 Tage. Alle 4 Jahre gibt es ein Schaltjahr, dann hat das Jahr 366 Tage. Auch die Tage, Stunden und Minuten sind immer gleich. Ein Tag und zwei eine Nacht haben zusammen 24 Stunden. Eine Stunde ist 60 Minuten lang und eine Minute dauert 60 Sekunden Tage.

● **2** Ordne die Redensarten der passenden Bedeutung zu. Wie lautet das Lösungswort?

R: S. 49 Nr. 2
1 – S
2 – ...
3 – ...

1	jemandem die Zeit stehlen	I	sterben
2	im Wettlauf mit der Zeit sein	P	sich beeilen
3	das Zeitliche segnen	S	jemanden aufhalten, obwohl der keine Zeit hat
4	die Zeit vergeht wie im Fluge	Z	modern sein
5	mit der Zeit gehen	E	etwas nutzt sich ab
6	es nagt der Zahn der Zeit	T	etwas geht schnell vorbei

→ LE S. 128–130
→ TH S. 69

Eine Fantasiegeschichte planen und schreiben

○ **1** Lies die Einleitung.

Vor vielen hundert Jahren lebte ein Drache zusammen mit seiner Familie hinter den Hügeln im Land der Feuerdrachen. Er war 506 Jahre alt, ein eher junges Alter für einen Drachen. Trotzdem musste er sich Gedanken über seine Zukunft machen.

◒ **2** Wie geht die Fantasiegeschichte weiter? Schreibe Stichwörter auf.

Hauptteil:
– ...

Schluss:
– ...

○ **3** Überlege dir eine Überschrift. Schreibe sie auf.

Überlege dir eine Überschrift.

◒ **4** Schreibe deine Geschichte auf.

R: S. 50 Nr. 4 z. B.
Ü: ...
Der Drache setzte sich ...

→ LE S. 128–130
→ TH S. 70

Aus der Sicht einer anderen Person schreiben

○ **1** Lies den Anfang der Fantasiegeschichte.

Der verliebte Drache

Vor vielen, vielen Jahren verliebte sich ein Drache in eine wunderschöne Prinzessin.
Die Prinzessin wohnte in einem kleinen Schlösschen in der Nähe seiner Höhle.
Jeden Morgen absolvierte der Drache seine Flugübungen über ihrem Schlossgarten.
Wenn die Prinzessin ihn sah, winkte sie ihm zu und freute sich über seine Kunststücke.

Wenn du etwas aus einer anderen Sicht erzählst, wechselst du die Perspektive.

◒ **2** Leon erzählt die Geschichte aus der Sicht des Drachen.
Was aber sagt die Prinzessin, wenn die Geschichte aus ihrer Sicht erzählt wird? Schreibe auf.

R: S. 51 Nr. 2 z. B.
Vor vielen Jahren ...

Vor vielen, vielen Jahren verliebte ich mich in eine wunderschöne Prinzessin.

?

Achte auf die Sicht, aus der eine Geschichte erzählt wird.

*Der **Ich-Erzähler** erlebt die Geschichte mit und schreibt aus seiner Sicht in der Ich- oder Wir-Form.*

◒ **3** Wähle eine Sicht aus. Schreibe die Einleitung auf.

○ **4** Schreibe die Geschichte aus deiner gewählten Sicht auf.
Denke an die Überschrift.

● **5** Überarbeitet eure Geschichten in einer Schreibkonferenz.

→ LE S. 131

Fragen zu einem Text beantworten

○ **1** Lies den Text. Beantworte die Fragen.

R: S. 52 Nr. 1
A: Wenn jemand ...
B: ...

Redensarten aus der Ritterzeit

Wenn jemand eingebildet oder hochnäsig ist, dann sagen wir manchmal, dass er uns **von oben herab behandelt** oder wir sagen: **Er sitzt auf einem hohen Ross**. Im Mittelalter saßen die Ritter und die reichen Leute oft hoch oben auf ihrem Pferd und haben von dort aus mit ihren Bediensteten gesprochen.

Im Mittelalter mussten die Menschen ihr Badewasser erst vom Brunnen holen, es dann über dem Feuer erwärmen und anschließend in einen großen Bottich schütten. Das war ziemlich aufwändig.
Deshalb badete einer nach dem anderen in dem Wasser.
Erst wenn der Letzte der Familie fertig war und das Wasser schon kalt und schmutzig war, wurde es weggeschüttet.
Der Letzte hatte das schlechteste Wasser und musste es auch noch entsorgen – **er musste alles ausbaden.**
Daher kommt die Redewendung:
Alles ausbaden müssen.

A Was bedeutet es, wenn jemand auf einem hohen Ross sitzt?

B Woher holten die Menschen ihr Badewasser?

C Wie wurde das Wasser erwärmt?

D Warum war das Baden für den Letzten der Familie nicht so angenehm? Begründe.

→ LE S. 133

Ein Rätsel lösen

1 Wähle zu jedem Satz das richtige Wort aus, das fehlt.
Schreibe die Wörter untereinander in dein Heft.

R: S. 53 Nr. 1
A: ZUGBRÜCKE
B: ...

A Die Burg konnte mit Hilfe der ___ vor Feinden geschützt werden.

ZUGBRÜCKE | ALARMANLAGE — (3)

B Die Gefangenen kamen ins ___.

VERLIES | VIERECK — (3)

C Das Schlafzimmer in der Ritterburg hieß ___.

KARATE | KEMENATE — (6)

D Ohne die ___ hätte der Ritter nicht auf sein Pferd steigen können.

LEITER | STEIGBÜGEL — (6)

E Auch die lange ___ hätte dem Ritter hierbei wenig geholfen.

LANZE | LATERNE — (5)

F Denn ein Ritter zog nur mit seiner ganzen schweren ___ in den Kampf.

RÖHRE | RÜSTUNG — (6)

2 Markiere nun den Buchstaben, der im Kreis steht.
Wie lautet das Lösungswort?

R: S. 53 Nr. 2
A: ZUGBRÜCKE
B: ...
...
Lösung: G...

3 Sucht im Lexikon oder im Internet weitere Begriffe aus der Ritterzeit.

→ LE S. 140–143
→ TH S. 71

Eine Sage erkennen

Sagen sind besondere Erzählungen.
Ursprünglich wurden sie nur mündlich weitergegeben.
Erst viel später begann man, Sagen aufzuschreiben.
Du erkennst Sagen an folgenden Merkmalen:

- Sie handeln von berühmten Persönlichkeiten, von Helden, Göttern oder fantastischen Wesen.
- Sagen finden an Orten statt, die es wirklich gibt.
- Sagen spielen zu einer bestimmten Zeit.
- Durch Sagen werden Bräuche, Sehenswürdigkeiten oder die Entstehung von Orten erklärt.

○ **1** Lies die Sage über Europa.

Europa

Vor etwa 3.000 Jahren lebte eine Prinzessin namens Europa.
Sie war wunderschön. Europa liebte die Natur und die Tiere.
Als der Göttervater Zeus von ihrer Schönheit erfuhr,
wollte er sie unbedingt kennenlernen.

Er wusste, wie sehr sie Tiere liebte
und verwandelte sich in einen
prächtigen Stier.
So traf Zeus auf Europa. Sie bewunderte
seine schöne Gestalt und kam näher.
Als sie sich auf seinen Rücken setzte,
sprang er auf und raste mit ihr davon.
Europa war verzweifelt und schrie um Hilfe.
Aber schon bald beruhigte sie sich wieder.
Sie fasste den Stier an den Hörnern und
ritt mit ihm bis zur heutigen Insel Kreta.
Das liegt in Griechenland.

Dort verwandelte sich der Stier zurück in Zeus.
Sie verliebten sich unsterblich ineinander
und gründeten eine Familie.
Der Erdteil, auf dem sie lebten, wurde
nach ihrem Namen benannt – Europa.

2 Finde im Text zu jedem Sagenmerkmal passende Textstellen. Schreibe sie auf.

R: S. 55 Nr. 2
A: Europa, ...
B: ...
C: ...
D: ...

A berühmte Persönlichkeiten, Helden, Götter oder fantastische Wesen

B Orte

C Zeit

D Entstehung von Bräuchen, Sehenswürdigkeiten oder Orten

3 Vergleicht eure Ergebnisse.

4 Suche im Internet oder in Büchern eine weitere Sage. Schreibe den Titel auf eine erste Erzählkarte.

Titel:
– ...

5 Lege zu dieser Sage weitere Erzählkarten in Stichwörtern an. Erzähle die Sage nach.

Einleitung:
– ...

Hauptteil:
– ...

Schluss:
– ...

6 Welche Sage hat euch am besten gefallen? Begründet.

→ LE S. 144–147

Ein Referat planen

Einen Vortrag nennt man auch Referat.
Der Referent will seine Zuhörer über ein Thema informieren.

So bereitest du ein Referat vor:
- Sammle Informationen zu deinem Thema in Büchern oder im Internet.
- Du kannst auch Experten befragen. Mache dir Notizen.
- Ordne deine Informationen, gliedere sie in Unterthemen.
- Schreibe jedes Unterthema auf eine eigene Karteikarte und notiere dir Stichwörter zu den Unterthemen.
- Übe deinen Vortrag mit Hilfe der Karteikarten.

1 Lies den Text zweimal.
Finde beim zweiten Mal Schlüsselwörter zu den Unterthemen „Das Leben des Erfinders“, „Die Erfindung“, „Nutzen der Erfindung“.

Johannes Gutenberg und die Erfindung des Buchdrucks

Johannes Gutenberg wurde um 1400 in Mainz geboren, wo er am dritten Februar 1468 starb. Er stammte aus einer reichen Kaufmannsfamilie und erlernte den Beruf des Goldschmieds. Früher konnten sich nur reiche Menschen Bücher leisten. Denn jedes Buch wurde von Hand abgeschrieben. Das war aufwändig, teuer und kostete viel Zeit. Deshalb gab es nur wenige Bücher.
Johannes Gutenberg änderte dies: Er erfand den Buchdruck mit beweglichen Buchstaben. Gutenberg stellte für diese Lettern einen Buchstabenstempel her. Die Buchstabenstempel wurden auf Druckplatten zusammengesetzt und anschließend wieder auseinandergenommen. So konnten immer neue Wörter und Texte entstehen. Gutenbergs Idee war genial.
Von da an entstanden überall Buchdruckereien. Dadurch konnten viel mehr Menschen lesen lernen.

2 Lege Karteikarten an. Schreibe Schlüsselwörter auf.

Das Leben des Erfinders
geboren 1400 in Mainz
gestorben 3.2.1468
Goldschmied
reiche Kaufmannsfamilie

Die Erfindung
...

Nutzen der Erfindung
...

→ LE S. 144–147

Ein Referat vortragen

1 Welche Tipps solltest du beachten?
Ergänze passende Begründungen und schreibe sie in ganzen Sätzen auf.

R: S. 57 Nr. 1 z. B.
Übe vor dem Spiegel, damit du selbst deine Wirkung erkennst. ...

- Übe vor dem Spiegel, ...
- Stelle dein Thema vor, ...
- Schau deine Zuhörer an, ...
- Plane kurze Redepausen ein, ...
- Sprich langsam und betont. Sprich laut und deutlich, ...
- Zeige beim Vortrag Bilder, ...

Carl Benz

Melitta Bentz

Alexander Graham Bell

Konrad Zuse

2 Plane ein Referat zu einem Erfinder oder einer Erfinderin.
Suche Informationen in Sachbüchern, im Internet oder frage nach.
Lege Karteikarten dazu an.

3 Halte ein kleines Referat. Deine Notizen helfen dir dabei.

→ LE S. 144–147 Feedback geben

Nach deinem Referat bekommst du von deinen Zuhörern ein Feedback. Feedback ist das englische Wort für Rückmeldung.

- Zuerst fragen die Zuhörer, wenn sie etwas nicht verstanden haben.
- Danach erfährst du, was den Zuhörern gut gefallen hat.
- Am Schluss bekommst du Tipps, was du verbessern kannst.

1 Lies die Rückmeldungen, die Alina für ihr Referat bekommen hat. Ordne die Rückmeldungen den Fragen zu.

A Wo gab es noch Fragen?

B Was hat den Zuhörern gefallen?

C Was kann sie noch verbessern?

R: S. 58 Nr. 1
A: Wann hat der Erfinder die Maschine erfunden? ...
B: ...
C: ...

2 Lies die Rückmeldungen. Was fällt dir auf?

3 Schreibe das Feedback so auf, dass es für das Kind hilfreich ist.

→ TH S. 72

Das kann ich schon

○ **1** Lies den Text.

Wie Siegfried den Drachen besiegte

Siegfried ahnte nicht, dass in der Nähe ein Drache wohnte und die Bäume von seinem Atem von Zeit zu Zeit in Flammen aufgingen. Siegfried fällte einige Bäume und machte Feuer an. Dann setzte er sich daneben und begann zu essen. Da kam der Drache. Brüllend und Feuer spuckend griff er ihn an. Mit einem großen Sprung wich Siegfried aus. Dann packte er einen der brennenden Baumstämme und stieß ihn dem Drachen in den Rachen.

◒ **2** Lies den Text noch einmal. Wechsle dabei in die Ich-Perspektive. Welche Wörter musst du ändern?

○ **3** Schreibe nun den Text in der Ich-Perspektive auf.

R: S. 59 Nr. 3
Ich ahnte nicht, ...

○ **4** Lies die Rückmeldungen, die Tim für sein Referat bekommen hat. Ordne die Rückmeldungen den Fragen zu.

R: S. 59 Nr. 4
A: ...
B: ...
C: ...

A Wo gab es noch Fragen?

B Was hat den Zuhörern gefallen?

C Was kann er noch verbessern?

Du hast langsam und betont gesprochen.
Durch die kurzen Redepausen konnte ich dir gut zuhören.
Versuche, die Zuschauer anzusehen.
Was bedeuten die Wörter Lettern und Druckplatte?
Durch dein Referat habe ich gelernt, wie wichtig diese Erfindung für die Menschen ist.
Schön wäre es, wenn du beim nächsten Mal lauter sprichst.
Einige Begriffe hätte ich noch besser verstanden, wenn du sie noch genauer erklärt hättest.

Leseabenteuer und Medienrummel

→ LE S. 156–158 Einen Bericht planen

Ein Bericht informiert über ein Ereignis oder einen Vorgang.
Er gibt Antworten auf folgende Fragen:

- Was geschah?
- Wo und wann geschah es?
- Wer war beteiligt?
- Wie war der Ablauf?

○ **1** Sieh dir das Bild genau an.

○ **2** Plane einen Bericht mit Hilfe der Fragen zum Bild.
Schreibe Stichwörter auf.

Was geschah?

Wo geschah es?

Wann geschah es?

Wer war beteiligt?

Wie war der Ablauf?

R: S. 60 Nr. 1 z. B.
Was: Tarzan flog...
Wo: ...
Wann: ...
Wer: ...
Wie: ...

→ LE S. 156–158
Einen Bericht schreiben

Wenn du einen Bericht schreiben möchtest, gehe so vor:
- Schreibe nur auf, was tatsächlich passiert ist.
- Berichte ohne deine persönliche Meinung.
- Berichte kurz, aber genau.
- Schreibe im Präteritum (einfache Vergangenheit).
- Verwende keine wörtliche Rede.

Was geschah bei der Aufführung von „Tarzan im Wunderland“?
Schreibe einen Bericht für die Schülerzeitung.

1 Denk dir eine Überschrift aus.

R: S. 61 Nr. 1 und 2
Überschrift: ...
...

2 Schreibe einen Bericht über das Ereignis.
Deine Stichwörter von S. 60 helfen dir dabei.

Halte die Erzählzeit ein.

Berichte im Präteritum:
er ist – er war
sie geht – sie ging
wir kommen – wir kamen
sie sehen – sie sahen.

3 Überarbeitet eure Berichte in einer Schreibkonferenz.

→ LE S. 156–158
→ TH S. 73

Einen Bericht überarbeiten

1 Lies den Bericht. Was fällt dir auf?

Tarzan im Wunderland

Letzte Woche habe ich mit meiner Klasse einen Ausflug gemacht.

Da haben wir das Stück „Tarzan im Wunderland" gesehen.

Das Stück war total langweilig. Doch auf einmal passierte etwas.

Tarzan schwingt mit einer Liane über die Bühne und landet nicht auf der Bühne, sondern davor.

„Ob das zur Show gehört?", fragt mich mein Freund Bahran von der Seite.

„Mal sehen, ob er wieder aufsteht", antworte ich.

Das war ganz schön spannend. Zum Glück war nichts passiert.

Tarzan grinste und spielte weiter.

2 Überprüfe den Bericht mit Hilfe der Checkliste.
Übertrage die Tabelle in dein Heft und kreuze an.

R: S. 62 Nr. 2

	☺	😐	☹
Was geschah?	...	...	...
Wo geschah es?	...	...	...
Wann geschah das Ereignis?	...	...	...
Wer war beteiligt?	...	...	...
Wie war der genau Ablauf?	...	...	...
Ich schreibe nur auf, was tatsächlich passiert ist, ohne meine persönliche Meinung.	...	...	...
Ich berichte kurz und genau.	...	...	...
Ich schreibe im Präteritum.	...	...	...

3 Überarbeite den Bericht mit Hilfe der Checkliste.

4 Vergleicht eure Berichte in einer Schreibkonferenz.

→ LE S. 162

Ein Rätsel lösen

Chat | E-Mail | Startseite | Emoticon | WLAN

Tablet | Laptop | Viren

○ **1** Finde die Wörter für die Lücken im Text mit Hilfe der Wortkarten.
Schreibe die Wörter untereinander in dein Heft.

R: S. 63 Nr. 1
A: Viren ...
B: ...
C: ...

A Schädlinge im Internet nennt man V… . (2)

B Lustige Smileys und andere Zeichen heißen E… . (8)

C Nachrichten schreibt man sich in einem C… . (4)

D Es ist größer als ein Handy und kleiner als ein Laptop: T… . (5)

E Wenn du eine Internetseite aufrufst, landest du als Erstes auf der S… . (4)

F Um sich ohne Kabel mit dem Internet zu verbinden, braucht man W… . (4)

G Wie heißt das Wort für „elektronische Post“? E… . (1)

H Ein Computer zum Aufklappen heißt L… . (4)

○ **2** Markiere nun den Buchstaben, der im Kreis steht.
Wie lautet das Lösungswort?

R: S. 63 Nr. 2
A: Viren
B: ...
...
Lösung: I...

◒ **3** Sammelt weitere Begriffe zum Thema „Internet“.

◒ **4** Erstelle eigene Rätsel.

→ LE S. 167–169

Filmwerbung bewerten

Für neue Filme gibt es unterschiedliche Formen der Werbung.
Eine Form ist das Plakat.

1 Warum fällt das Plakat besonders auf?
Wähle und schreibe auf.

R: S. 64 Nr. 1 z. B.
A, ...

A Der Titel des Films ist gut lesbar.

B Der Starttermin fällt besonders auf.

C Es werden auffällige Farben verwendet.

D Das große Foto/Bild macht neugierig.

E Es steht besonders viel Text darauf.

2 Gestalte dein eigenes Werbeplakat für einen Film mit Franz.
Um was soll es in dem Film gehen?
Denke dir einen Titel aus.

Diese Checkliste kann dir helfen:

- ✓ Überlege, wer durch dein Plakat angesprochen werden soll.
- ✓ Wähle auffällige Farben.
- ✓ Wähle eine gut lesbare Schrift für den Titel des Films.
- ✓ Gestalte ein großes Bild, das neugierig macht.

Ich weiß einen Titel:
Franz auf Weltreise

→ LE S. 170–173

Vom Text zur Szene: eine Szene planen

Für ein Theaterstück, ein Hörspiel oder einen Film benötigt man eine Textvorlage. Bei einem Film nennt man diese Vorlage Drehbuch.
Eine Szene ist ein Teil dieser Textvorlage. Aus der Textvorlage geht hervor:
- welche Personen mitspielen,
- was die Personen sagen,
- wie sie handeln,
- wo die Szene spielt.

○ **1** Lies den Text.

Und wer hat Amerika entdeckt?

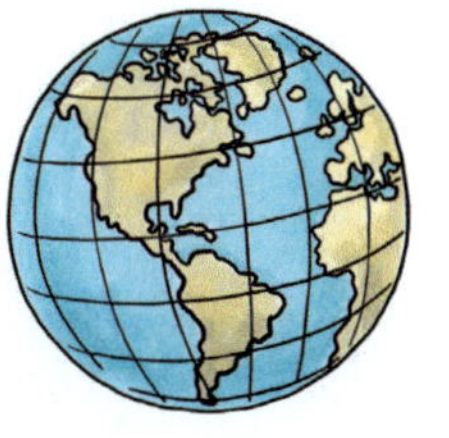

Die Klasse 4c hat Sachunterricht. Der Lehrer Herr Wiese ruft Maja auf. „Wie viele Kontinente gibt es auf der Erde?"
Sie antwortet: „Sieben Kontinente!"
Er fragt weiter: „Wie heißen die Kontinente, Maja?"
Maja erwidert: „Eins, zwei, drei, vier, fünf, sechs, sieben!"
„Maja, lustige Witze kommen später dran", antwortet Herr Wiese streng.
„Konrad, kennst du die richtige Antwort?"
Konrad erwidert: „Vier Mal A, E, S und N!"
„Jetzt wird es mir aber langsam zu bunt mit euch! Letzte Ermahnung!", schimpft Herr Wiese. „Konrad, wie heißen die sieben Kontinente?"
Konrad antwortet: „Südamerika, Nordamerika, Afrika, Asien, Australien, Antarktis und Europa, Herr Wiese!"
Dann fordert Herr Wiese Max auf: „Max, zeig' mir, wo Südamerika und Nordamerika liegen!"
Max steht auf und zeigt auf die Karte. Es ist korrekt.
„Und wer hat Amerika entdeckt?", fragt Herr Wiese zum Schluss.
„Max!", antwortet Maja und alle brechen in Gelächter aus.

○ **2** Tauscht euch zu folgenden Fragen aus und macht euch Notizen:

R: S. 65 Nr. 2
A: ...
B: ...
C: ...
D: ...

A Um welche Art von Text handelt es sich?

B Welche Personen spielen mit?

C Welche Person spricht am meisten?

D Wo spielt die Szene?

→ LE S. 171–173

Vom Text zur Szene: einen Dialog schreiben

Wenn du einen Text in einen Dialog umgestalten möchtest, gehe so vor:

- Schreibe auf, welche Person spricht und was sie sagt.
- Überlege dir, wie die Personen etwas sagen und schreibe es an den Rand.

1 Schreibe nun die wörtliche Rede von S. 65 als Dialog in deinem Heft auf.

R: S. 66 Nr. 1

ernst	Herr Wiese: „Wie viele Kontinente gibt es auf der Erde?“
...	Maja: ...
...	Herr Wiese: ...
...	Maja: ...
...	Herr Wiese: ...
...	Konrad: ...
...	Herr Wiese: ...
...	Konrad: ...
...	Herr Wiese: ...
...	(Max) ...
...	Herr Wiese: ...
...	Maja: ...

2 Ergänze, wie die Sprecher etwas sagen könnten, und schreibe es an den linken Rand.

→ LE S. 171–173

Vom Dialog zum Drehbuch: eine Aufführung planen

1 Übertrage die Tabelle in dein Heft. Fülle die Textvorlage für die Szene aus.

R: S. 67 Nr. 1

Ort:	...
Wer spielt wen?	...
Welche Gegenstände/ Requisiten brauchen wir?	...

2 Überlege dir, wie sich die Personen während der Aufführung verhalten sollen. Schreibe die Regieanweisungen für alle Personen.

R: S. 67 Nr. 2 z. B.

Herr Wiese	läuft vor der Tafel hin und her
Maja	...
Konrad	...
Max	...

3 Lernt eure Texte auswendig. Übt die Szene ein.

4 Spielt die Szene einer Gruppe vor.

→ LE S. 174/175
→ TH S. 74

Unbekannte Wörter klären

1 Lies den Text.
Notiere unbekannte Wörter.

Vom Buch zum Film

Zuerst braucht man eine gute Story, aus der ein Film entstehen kann. Das kann ein Buch sein, ein Erlebnis oder eine Geschichte.
Ein Autor schreibt dann zu dieser Story ein Drehbuch. Bevor der Film gedreht wird, muss man noch viele andere Dinge planen, z. B. ein Casting für die richtigen Schauspieler, die Suche nach Locations für den Dreh und die Auswahl der Kostüme und Requisiten.
Nachdem der Film gedreht ist, ist die Arbeit noch lange nicht fertig. Der Filmschnitt und die Komposition der Filmmusik sind Dinge, die danach entstehen. Auch der Trailer und die andere Werbung für den Film entstehen erst dann.

2 Wähle drei unbekannte Wörter aus.
Suche die Erklärung im Lexikon, im Internet oder frage nach.

3 Schreibe die unbekannten Wörter mit Erklärung auf.

R: S. 68 Nr. 3 z. B.
Story: die Handlung eines Films

4 Vergleicht eure Ergebnisse. Tauscht euch aus.

5 Wähle zwei weitere Wörter zum Thema „Film“ aus.
Suche die Erklärung im Lexikon, im Internet oder frage nach.

Komparse | Klappe | Animation | Filmdouble

→ LE S. 177
→ TH S. 75

Einen offiziellen Brief schreiben

Bei einem offiziellen Brief musst du die Form einhalten. Gehe so vor:
- Beginne mit dem Absender, dem Empfänger, Ort und Datum.
- Schreibe einen Betreff (ein Stichwort, das aussagt, um was es geht, z. B. Bewerbung).
- Nutze eine höfliche Anrede, z. B. Sehr geehrte Damen und Herren …
- Schreibe den Brieftext sachlich.
- Schreibe die Anrede im Brieftext groß: Sie, Ihre, Ihnen …
- Schreibe am Schluss eine offizielle Grußformel (z. B. Mit freundlichen Grüßen).

1 Übertrage die Vorlage in dein Heft und ergänze, was fehlt.

Kinderstar gesucht!

Wir suchen dich und dein Talent!
Hast du Lust, auf der Bühne zu stehen?
Kannst du etwas ganz Besonderes?
Dann bringen wir dich groß raus.
Singe, tanze und zeige uns, was du kannst.
Wenn du zwischen 8 und 14 Jahre alt bist,
schreibe an: Talentschuppen
Sternchenstraße 10
45823 Wunderland

[Absender]
Cindy Rella
Sternstraße 15
00815 Pusemukkel

[Empfänger]
…
…
…

[Datum]
Pusemukkel, 9. April 2020

[Betreff]
Bewerbung „Kinderstar gesucht"

Sehr geehrte Damen und Herren,
…
…

Mit freundlichen Grüßen
Cindy Rella

→ TH S. 76

Das kann ich schon

1 Beantworte die W-Fragen für einen Bericht.

R: S. 70 Nr. 1
Was: ...

Was geschah?

Wo geschah es?

Wann geschah es?

Wer war beteiligt?

Wie war der Ablauf?

2 Schreibe den Text als Dialog zwischen Frau und Verkäufer.
Ergänze, wie die Sprecher etwas sagen könnten.

R: S. 70 Nr. 2 z. B.

freundlich	Frau: „Ich hätte gern eine Zitrone, eine Paprika und zwei Zwiebeln."

Im Laden

Eine Frau kommt in den Laden.

„Ich hätte gerne eine Zitrone, eine Paprika und zwei Zwiebeln."

„Sehr gerne", sagt der Verkäufer, „brauchen Sie eine Tüte?"

„Nein!", erwidert die Frau.

„Können Sie mir die Sachen nach Hause liefern?"

Der Verkäufer antwortet: „Leider nicht, gnädige Frau, unser Lastwagen ist gerade mit einem Kopfsalat unterwegs!"

Von Winterfreuden und Sommerdüften

→ LE S. 186/187
→ TH S. 77

Piktogramme erklären

○ **1** Schaut euch das Bild an. Sprecht darüber.

○ **2** Was bedeuten die Piktogramme oben im Bild? Schreibe auf.

R: S. 71 Nr. 2
1: ...

◒ **3** Male passende Piktogramme zu den Erklärungen in dein Heft.

- A Hunde an der Leine führen
- B Autos verboten
- C Eis essen verboten
- D Fahrradweg

R: S. 71 Nr. 3 z. B.
A: 
B: ...

◒ **4** Denkt euch weitere Piktogramme aus und macht ein Paar-Spiel daraus.
- Schreibt auf ein Kärtchen die Erklärung.
- Malt auf das andere das Piktogramm.
- Legt die Kärtchen verdeckt auf den Tisch.

Wer findet die meisten Paare?

→ LE S.188
→ TH S.78

Einen Text vortragen

○ **1** Lies den Text. Überlege dabei, welche Gefühle zum Text passen.

○ **2** Schreibe das Gedicht ab.

○ **3** Markiere in deinem Heft Wörter, die du betonen möchtest. Zeichne Striche ein, wo du Pausen machen möchtest.

R: S. 72 Nr. 3
Herbstlied
Dies ist ein Herbststag, | wie ich keinen sah! |

Herbstbild

Dies ist ein Herbsttag, wie ich keinen sah!
Die Luft ist still, als atmete man kaum.
Und dennoch fallen raschelnd, fern und nah,
die schönsten Früchte ab von jedem Baum.

O stört sie nicht, die Feier der Natur!
Dies ist die Lese*, die sie selber hält.
Denn heute löst sich von den Zweigen nur,
was von dem milden Strahl der Sonne fällt.

Friedrich Hebbel

◒ **4** Lies den Text betont vor.

◒ **5** Lass dir ein Feedback geben. Notiere dir hilfreiche Tipps.

R: S. 72 Nr. 5
Tipp 1: ...

*Lese: Ernte

→ LE S. 189

Ein Gedicht auswendig lernen

○ **1** Lies das Gedicht.

Der Herbst steht auf der Leiter

Der Herbst steht auf der Leiter
Und malt die Blätter an,
Ein lustiger Waldarbeiter,
Ein froher Malersmann.

Er kleckst und pinselt fleißig
Auf jedes Blattgewächs,
Und kommt ein frecher Zeisig*,
Schwupp, kriegt der auch nen Klecks.

Die Tanne spricht zum Herbste:
Das ist ja fürchterlich!
Die andern Bäume färbste,
Was färbste nicht mal mich?

Die Blätter flattern munter
Und finden sich so schön.
Sie werden immer bunter.
Am Ende falln sie runter.

Peter Hacks

◒ **2** Finde zu jeder Strophe Schlüsselwörter und male dazu.

● **3** Lerne das Gedicht auswendig. Trage es betont vor.

R: S. 73 Nr. 2 z. B.
Strophe 1:

*Zeisig: Vogel

→ LE S. 192/193

Einen Comic schreiben

1 Was könnten die Personen sagen?
Schreibe auch eine Überschrift auf.

R: S. 74 Nr. 1 z. B.
Überschrift: ...
A: Schneller, ihr Rentiere! ...

2 Wie geht die Reise weiter?
Male und schreibe den Comic weiter.

→ LE S. 194

Ein Gedicht umschreiben

○ **1** Lies das Gedicht.

Weihnachten

Markt und Straßen sind verlassen,
still erleuchtet jedes Haus.
Sinnend geh ich durch die Gassen,
alles sieht so festlich aus.

An den Fenstern haben Frauen
buntes Spielzeug fromm geschmückt.
Tausend Kindlein stehn und schauen,
sind so wunderstill beglückt.

Und ich wandre aus den Mauern
bis hinaus ins freie Feld,
hehres Glänzen, heiliges Schauern!
Wie so weit und still die Welt.

Joseph von Eichendorff

2 Finde zu jeder Strophe Schlüsselwörter und schreibe sie auf.

R: S. 75 Nr. 2 z. B.
Strophe 1: Straßen, verlassen, …

3 Schreibe das Gedicht als Erzähltext auf.

R: S. 75 Nr. 3 z. B.
Die Straßen sind verlassen.
Es ist ganz still. …

4 Lest euch die Texte vor.
Überarbeitet sie in einer Schreibkonferenz.

→ LE S. 195

Eine Anleitung schreiben

○ **1** Schau dir die Bilder an.

Eisbausteine herstellen

A

Plastikflaschen
Safttüten
abschneiden

B

ausspülen
abspülen
säubern

C

mit Wasser befüllen
Wanne vor die Haustür
bei Frost
unter null Grad

D

Eisbausteine lösen
zusammenbauen
kleben
warmes Wasser

○ **2** Lies die Stichwörter zu jedem Bild. Erkläre einem Partner, was zu tun ist.

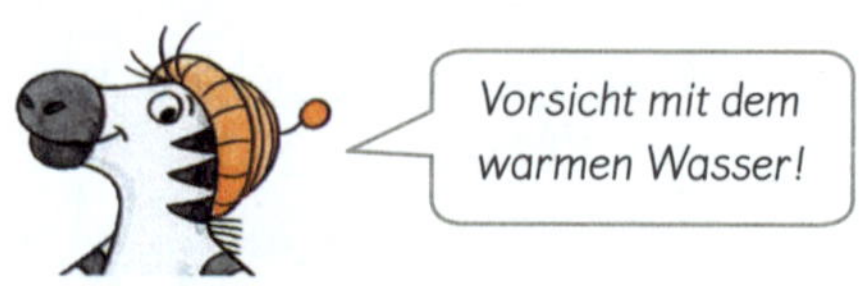

◒ **3** Schreibe die Anleitung mit Hilfe der Stichwörter auf.

R: S. 76 Nr. 3 z. B.
A: Schneide den oberen Teil ...

→ LE S. 198

Stolperwörter im Text finden

1 Lies den Text und suche die Stolperwörter. Schreibe sie auf.

R: S. 77 Nr. 1
Z2: kalt ...

Winter im Wichtelwald

Die Winter im Norden sind lang und kalt,
hoch liegt der Schnee im stillen kalt Wald.
Nichts rührt sich, alles schläft und ruht,
in warmen Nestern träumt sich's gut.
Da huscht was zwischen Baum Traum und Strauch,
die Mütze rot, die Nase Hase auch ...

Der Waldwichtel dreht seine deine Runde,
wie jeden Tag zur gleichen Stunde.
Der Meise bringt er ein paar Sterne Kerne,
denn die mag sie besonders gerne.
Sie plaudern dies und das und heiter,
dann kommt der Fuchs – und sie fliegt liegt weiter.

Doch heute will der Fuchs nicht jagen sagen.
Er ist krank seit ein paar Tagen,
und sein Hals tut ihr ihm so weh.
Der Wichtel macht ihm warmen Klee Tee,
eine Wurst, die gibt ihm Kraft,
und zum Nachtisch Hustensaft!

Eichhörnchen ruft: „Ich grüße dich!
Hast du nicht zwei eine Kuss Nuss für mich?
Ich find im Schnee nicht – welch ein Jammer –
die Tür zu meiner seiner Vorratskammer!"
Auch damit kann der Wichtel dienen,
er gibt ihm Nüsse und Rosinen.

Outi Kaden

2 Schreibe eine Strophe richtig auf.

3 Finde die Reimwörterpaare und markiere sie.

R: S. 77 Nr. 3 z. B.
... kalt,
... Wald.

4 Lerne die Strophe auswendig.

→ LE S. 198

Ein Parallelgedicht schreiben

○ **1** Lies das Gedicht.

Frühling

Eines Morgens
ist der Frühling da.
Die Mutter sagt,
sie **riecht** ihn in der Luft.

Pit **sieht** den Frühling.
An den Sträuchern im Garten
sind hellgrüne Tupfen.

Anja **hört** den Frühling.
Neben ihr, auf dem Dach,
singen die Vögel.

Unten vor dem Haus
steigt Vater in sein Auto.
Er **fühlt** den Frühling.
Die Sonne scheint warm
auf sein Gesicht.

Christine Nöstlinger

◒ **2** Schreibe ein Parallelgedicht. Tausche die grünen Wörter aus. Du musst nicht alle grünen Wörter ersetzen.

● **3** Trage dein Parallelgedicht vor.

→ LE S. 200/201

Genau lesen: Logical

○ **1** Lies zuerst den ganzen Text.

- Karotten sind seine Lieblingsknabberei.
- Der Korb steht im linken Haus.
- Max liebt Marzipaneier. Er lebt im Haus neben Norbert.
- Lasses Haus hat die meisten Fenster.
- Der Hase, der gerne Kohl frisst, lebt im linken Haus.
- Die neuen Turnschuhe stehen in der Haustür bereit.
- Der Hase rechts neben Max benutzt lieber einen Rucksack.

◒ **2** Lies nun Satz für Satz. Übertrage die Tabelle in dein Heft und ergänze.

R: S. 79 Nr. 2

	linkes Haus	mittleres Haus	rechtes Haus
Name	...	...	...
Arbeitsgerät	...	...	...
Lieblingsessen	...	...	...

○ **3** Vergleicht eure Ergebnisse.

→ LE S. 203
→ TH S. 79

Einen Versuch protokollieren

○ **1** Lies die Anleitung.

Wohin wächst das Gras?

Du brauchst:
3 Pflanztöpfe
Blumenerde
Gießkanne
3 Schuhkartons mit Deckel
Schere
Oster-, Weizen- oder Katzengrassamen

1. Befülle drei Töpfe mit Erde.
2. Lege in jeden Topf Grassamen.
3. Schneide in einen Karton ein Loch in den Deckel. In den nächsten Karton schneidest du ein Loch in die Seite. Der letzte Karton bleibt heil.
4. Stelle in jeden Karton einen Topf.
5. Stelle die Kartons auf die Fensterbank eines sonnigen Fensters. Halte die Erde feucht.

◒ **2** Vermute, was passiert. Schreibe auf.

R: S. 80 Nr. 2 z. B.
Das Gras wächst ...

○ **3** Führt den Versuch durch.

◒ **4** Beschreibe, was passiert.

R: S. 80 Nr. 4
A: ...

A

B

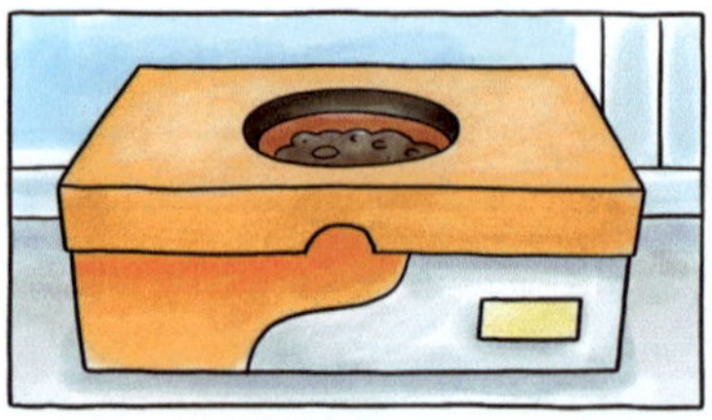

C

→ LE S. 204/205
→ TH S. 80

Mit Sprache spielen: Frühlings-ABC

1 Finde zu möglichst vielen Buchstaben aus dem ABC ein Wort, das zum Frühling passt.

R: S. 81 Nr. 1 z. B.

A ...	N ...
B ...	O ...
C ...	P ...
D ...	Q UARK
E ...	R ...
F ...	S ...
G ...	T ...
H IMMLISCH	U ...
I ...	V ERLIEBT
J ...	W ...
K ...	X ...
L ...	Y ...
M ARZIPANEIER	Z ...

2 Schreibe zwei Sätze, in denen du möglichst viele Frühlingswörter verwendest.

R: S. 81 Nr. 2 z. B.
Marzipaneier zu Ostern ...

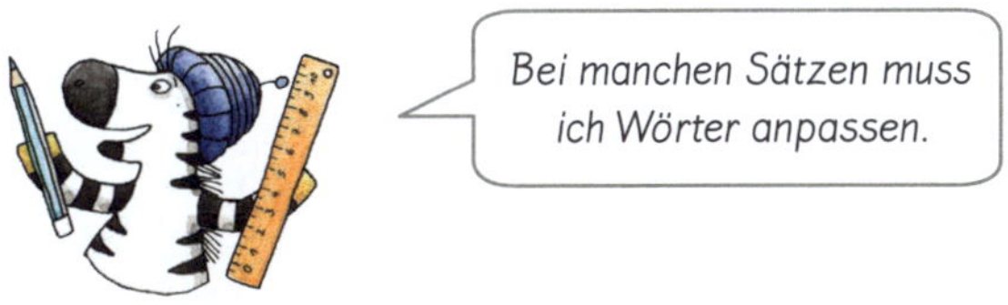

3 Wie lautet der alte Name für Frühling? Die ersten Buchstaben der Wörter verraten es dir.

R: S. 81 Nr. 3
Frühling: ...

Lieblich erwachen Narzissen zart.

→ LE S. 209

Eine Abschlusszeitung planen und schreiben

Zur Erinnerung an eure Grundschulzeit könnt ihr eine Abschlusszeitung erstellen.

1 Klärt folgende Fragen in einer Besprechung:

R: S. 82 Nr. 1
A: ...

A Wie soll eure Zeitung heißen?

B Wer soll die Zeitung bekommen?

C Wer kann euch helfen?

D Wie soll sie aussehen?

2 Gestaltet ein Cover am Computer.

3 Überlegt euch Themen, zu denen ihr schreiben möchtet. Legt eine Mindmap an.

R: S. 82 Nr. 3

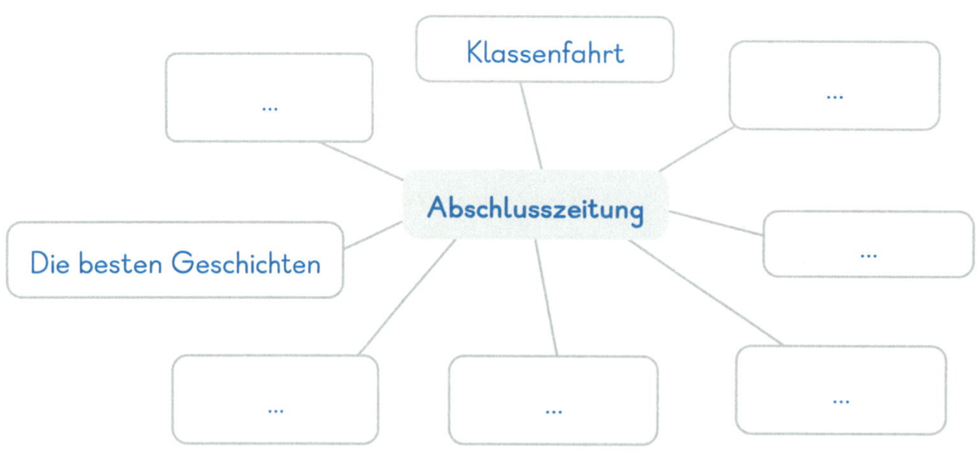

4 Einigt euch, wer für welchen Artikel verantwortlich ist. Schreibt den Namen dazu.

5 Schreibe deinen Artikel am Computer.

6 Überarbeitet die Artikel in einer Schreibkonferenz.

→ LE S. 209

Einen Steckbrief am Computer schreiben

○ **1** Schreibe einen Steckbrief zu **Wir über uns** am Computer.
Übertrage die Vorlage und ergänze sie mit deinen Angaben.

Wir über uns

(Füge hier am Computer ein Bild von dir ein.)

Name: …
E-Mail: …
Telefon: …
Adresse: …
Geburtstag: …

Hobbys: …

Mein schönstes Erlebnis in der Grundschule: …

Meine Freunde: …

Berufswunsch: …

◒ **2** Gestalte deinen Steckbrief am Computer. Diese Funktionen helfen dir:

Schriftgröße	Schriftart	Unterstreichen
12 ▼	Arial ▼	U
Schriftfarbe	**fett**	**kursiv (schräg)**
A	F	K

○ **3** Was könnte die Leser noch interessieren?
Finde mindestens zwei weitere Ideen und ergänze sie unten auf deinem Steckbrief.

→ LE S. 209

Über die Zukunft nachdenken

○ **1** Seht euch das Bild an.

○ **2** Sprecht über eure gemeinsame Zeit in der Schule.
Was war besonders schön?

◒ **3** Denke an deine neue Schule und beantworte die Fragen:

R: S. 84 Nr. 3
A: ...

A Worauf freust du dich?

B Wovor fürchtest du dich?

C Was willst du aus deiner alten Schule mitnehmen?

D Wie wünschst du dir deine neuen Lehrer?

E Was wünschst du dir von deiner neuen Klasse?

○ **4** Lest euch die Ergebnisse vor und tauscht euch aus.

●	das Schriftzeichen
●	das Stäbchen
●	die Note
●	die Lernkarte
●	die Methode
●	die Unterrichtsstunde
	organisieren
●	das Thema
●	die Vorderseite
●	die Rückseite
	hüpfen
	erschöpft

●	die Tatsache
●	der Gegenstand
●	die Beschreibung
●	die Eigenschaft
●	das Material
	sachlich
●	die Checkliste
	eckig
	rund
●	die Klassenfahrt
	verschwinden
	trösten

●	der Sport
	sich verlieben
●	der Geburtstag
	fröhlich
	glücklich
	traurig
	wütend
●	die Träne
●	der Liebesbrief
●	das Herz
●	die Angst
●	das Theater

	küssen
●	der Applaus
	sich entschuldigen
	meckern
	launisch
	ärgerlich
●	die Umfrage
●	das Ergebnis
●	der Wettkampf
●	die Leichtathletik
●	die Diskussion
●	die Tabelle

	das Trikot
	das Gebüsch
	sich trennen
	die Stiefmutter
	der Zwilling
	das Projekt
	präsentieren
	durchführen
	der Autor / die Autorin
	der Illustrator / die Illustratorin
	die Hauptperson
	die Textstelle

	spannend
	überraschend
	empfehlen
	begründen
	das Recht
	der Beruf
	die Information
	die Auswahl
	das Interview
	auswerten
	festhalten
	vorgehen

	der Wald
	die Lärche
	die Eiche
	der Pilz
	sammeln
	schützen
	essbar
	das Reh
	der Rothirsch
	das Wildschwein
	der Wolf
	der Fuchs

	röhren
	heulen
	grunzen
	listig
	bissig
	das Feuer
	das Licht
	nutzen
	heiß
	der Vulkan
	der Ausbruch
	zerstören

●	der Kalender
●	die Minute
●	die Sekunde
●	der Drache
●	die Prinzessin
	winken
	hochnäsig
●	der Brunnen
	aufwändig
●	die Ritterburg
●	die Rüstung
●	der Erdteil

●	der Stier
	prächtig
	verzweifelt
	geboren
	gestorben
●	die Erfindung
●	die Idee
	genial
	herstellen
●	der Zuhörer
●	der Vortrag
	brüllen

●	der Bericht
●	das Geschehen
●	das Ereignis
●	der Ablauf
●	die Meinung
	passieren
	vollständig
●	der Chat
●	die E-Mail
●	das Laptop
●	der Film
	korrekt

●	die Szene
●	der Dialog
●	das Drehbuch
●	die Requisite
●	die Anweisung
	besorgen
	verhalten
	drehen
●	der Filmschnitt
	entstehen
	überlegen

Meine Wörter

	Herbst
●	die Natur
●	die Frucht
●	die Lese
●	der Zweig
●	der Strahl
	still
	mild
	rascheln
●	der Zeisig
	färben
	flattern

	Winter
●	das Eichhörnchen
●	das Rentier
●	das Weihnachtsgeschenk
	erleuchtet
	festlich
	glänzen
●	das Glänzen
	befüllen
●	der Frost
●	der Schnee
●	der Wichtel

	Frühling
●	die Blüte
●	die Hummel
●	das Marzipanei
●	das Osterfeuer
●	die Karotte
●	der Samen
	sonnig
	feucht
	himmlisch
	vermuten
	beschreiben

	Sommer
●	der Abschluss
●	die Erinnerung
	erstellen
●	die Besprechung
	gestalten
	gemeinsam
●	das Fest
	freuen
	fürchten
●	die Zukunft
	verantwortlich